Teresa Cordopatri dei Capece,
Angelica Rago Gallizzi
Schwarzes Schweigen

SERIE PIPER

Zu diesem Buch

Seit achthundert Jahren lebt das Geschlecht der Cordopatri dei Capece in seinem Palazzo in Reggio Calabria etwa dreißig Kilometer nördlich der kalabresischen Hauptstadt. Doch seine Tage sind gezählt. Als Teresa Cordopatris Bruder Tonino vor ihren Augen von der Mafia erschossen und die Baronessa nur wegen einer Ladehemmung des Revolvers verschont wurde, ist sie die Letzte ihres Geschlechts. Und es ist die Geburtsstunde ihres Entschlusses, öffentlich gegen das Erbübel Italiens anzukämpfen. Mit ihrem beispiellosen Protest, der in einem dreiundzwanzigtägigen Hungerstreik vor dem Justizpalast von Reggio Calabria gipfelt und sie an den Rand des gesellschaftlichen Ruins bringt, hat Teresa Cordopatri – tatkräftig von ihrer Kusine Angelica Rago Gallizzi unterstützt – erreicht, was Generationen von Staatsanwälten und Politikern scheuten: Killer und Mafiabosse landen im Zuchthaus. Die Geschichte der Baronessa und der über dreißigjährigen Verfolgung durch die 'Ndrangheta, die Mafia in Kalabrien, liest sich wie eine antike Tragödie.

Teresa Cordopatri dei Capece, in Nicastro geboren, ist letzter Sproß des achthundert Jahre alten Adelsgeschlechts dei Capece. *Angelica Rago Gallizzi*, in Rombiolo geboren, ist Teresa Cordopatri dei Capeces Kusine. Beide leben in Reggio Calabria.

Teresa Cordopatri dei Capece,
Angelica Rago Gallizzi

Schwarzes Schweigen

Eine Frau kämpft gegen die Mafia

Aus dem Italienischen von
Werner Raith

Mit zahlreichen Fotos

Piper München Zürich

Ungekürzte Taschenbuchausgabe
Piper Verlag GmbH, München
Januar 1998

Titel der italienischen Originalausgabe:
»Noi, Cordopatri dei Capece. Contro sopraffazioni e
violenze mafiose Periferia«

Umschlag: Büro Hamburg
Simone Leitenberger, Susanne Schmitt, Annette Hartwig
Foto Umschlagvorderseite: Magnus Editioni
Satz: KCS GmbH, Buchholz/Hamburg
Druck und Bindung: Clausen & Bosse, Leck
Printed in Germany ISBN 3-492-22556-X

Inhalt

Für meine Söhne Giuseppe und Antonio
Für meinen Bruder Tonino

Reggio Calabria, 2. Juni 1982

An meinen Sohn Antonio

Ich habe die Tränen des Windes gehört
Und das Klagen des Meeres.
Es war die Stimme der Mutter
Die Stimme der Tränen.
Eine Schar Vögel hält inne
Tausend Arme suchen Hilfe.
Die Augen bleiben geschlossen.
In der Tiefe der Täler liegt meine Stimme
voller Schmerz.
Jedem Zweig habe ich deinen Namen anvertraut,
mein Sohn.
Wenn du, o Wind, nur sein Echo bringst
Ist das schon der Trost
für meine Tränen.

Vorwort

Sie ist kein gottgesandter Racheengel, und doch hat sie dafür gesorgt, daß bisher Unantastbare des großen Verbrechens lebenslanges Zuchthaus bekamen; keine Revoluzzerin, und doch imstande, mit einem wochenlangen Hungerstreik vor dem Justizpalast Politiker, Kulturschaffende, Jugendgruppen zu mobilisieren und am Ende gar den Innenminister zum Besuch und zum persönlichen Engagement zu zwingen; keine Schriftstellerin, und doch fähig, den aussichtslos scheinenden Kampf ihrer Familie, das grauenhafte Leben unter ständiger Bedrohung, den Mord an ihrem Bruder und ihr nur zufälliges Entkommen in einer Weise zu beschreiben, die fast an eine Tragödie antiken Ausmaßes gemahnt: Teresa Cordopatri dei Capece, Baronin und letzte ihres Geschlechts, eine Frau, die aus dem Behütetsein einer adeligen Familie unversehens hineingestoßen wurde in die grauenhaften Wirren von Erpressung und Mord, hat sicher nicht die Übel des italienischen Südens als solche bezwungen, aber sie hat erstmals seit einem Jahrhundert in der verseuchtesten Region Italiens eine Bresche geschlagen in die Mauer des Schweigens, die den Filz aus organisiertem Verbrechen, Politik, Geschäftemachern und oft genug auch den Organen der sogenannten Rechtspflege so unbesiegbar gemacht hatte.

Herausgefordert hatte die Familie Cordopatri mit ihrer Zähigkeit und moralischen Geradlinigkeit jene Macht, die längst alle offiziellen Institutionen unterwandert hat, die mit den Regierenden in bestem Einvernehmen arbeitet, die nach absoluter Herrschaft strebt und so oft – wie im Fall der Familie Cordopatri – gar nicht aus ökonomischer Gier, sondern nur als Dokumentation ihrer Hegemonie Unterwerfung fordert und Verweigerung mit dem Tode bestraft. Wie eine Urgewalt hat die »'Ndrangheta«, wie sich das organisierte Verbrechen hier in Verballhornung eines griechischen Wortes (»Mannhaftigkeit«) nennt, Unteritalien zu ihrem absoluten Feudalgut gemacht, mit eigener »Gerichtsbarkeit« und eigenen wirtschaftlichen

Gesetzen: Italiens Innenministerium mußte bereits in der zweiten Hälfte der achtziger Jahre eingestehen, daß die römische Administration längst jede Macht in diesem Gebiet verloren hatte.

An die zweihundert Clans, Mitgliederstärke jeweils zwischen zwanzig und hundert Personen, sind in Kalabrien tätig, einer Region (der »Stiefelspitze«), die zu den ärmsten des Landes gehört und die mehr als die Hälfte der einst viereinhalb Millionen Einwohner durch die massenweise Flucht in den industrialisierten Norden verloren hat. Überalterung und Massenarbeitslosigkeit (in vielen Gemeinden bis zu 60 Prozent) prägen das Bild; reich wird nur, wer die wenigen Ressourcen unter Kontrolle hat – oder sich dem frugalen Geschäft illegaler Händel zuwendet, etwa der Drogen- oder der Waffenschieberei.

Schon in den achtziger Jahren hatten die Behörden den Kampf gegen das Verbrechen hier aufgegeben. Staatsanwälte, die hierher versetzt wurden, nahmen angesichts meist total unausgerüsteter Ämter und gleichzeitig riesiger Berge unerledigter Fälle entweder sofort wieder Reißaus, oder sie arrangierten sich mit den anderen, die schon im Filz integriert waren: Die Straflosigkeit wurde zum wichtigsten Markenzeichen und zur Grundlage ihres Schreckensregiments. Mehr als dreihundert Morde zählten die Behörden in manchen Jahren, täglich eine Leiche: zum Teil Mitglieder gegnerischer Banden, zum Teil Kaufleute, die den »Pizzo«, das Schutzgeld nicht bezahlen konnten, und mitunter auch Ermittler, die ihre Nasen doch einmal allzu neugierig in die Geschäfte der Mafia hineingesteckt hatten.

Die einander abwechselnden Regierungen Italiens übten sich vor allem im Verdrängen und Vergessen; Untersuchungskommissionen machten in der Regel einen weiten Bogen um die Stiefelspitze Italiens. Selbst mit der sizilianischen Mafia und der neapolitanischen Camorra legte man sich noch lieber an als mit der 'Ndrangheta. Man wußte ja, wie vergeblich Haftbefehle waren: Unendlich viele Verstecke bieten die unwegsamen Hänge und Wälder des Aspromonte, des Pollino oder der Sila; selbst nahe vorbeikommende Carabinieri und Soldaten (sofern diese überhaupt ernsthaft nach ihnen suchten) bemerkten kaum einmal einen dieser Unterschlupfe. Man konnte also gefahrlos seine

Beute, seine Entführungsopfer, ja sogar Rauschgiftlabors unterbringen – und die Flüchtigen dazu.

Eine Familie, die sich trotzig den Absolutheitsansprüchen der Clans widersetzte, mußte zur geradezu tödlichen Herausforderung werden – und dies um so mehr, als das Eigentum der Cordopatri für die Mafiosi im Grunde allenfalls ein Klacks war, gemessen an ihren Jahresumsätzen von oft mehr als einer halben Milliarde Dollar. Wäre der Besitz immens gewesen, jeder hätte verstanden, warum die Cordopatri daran festhielten, aber wegen der paar hunderttausend Mark Einnahmen aus der Ölherstellung die Mafia herausfordern?

Den Bossen war klar, daß es hier ums Prinzip ging, nicht ums Geld. Sie sahen ihre Macht in Gefahr. Die zunehmenden Drohungen, der schließliche Mord am amtierenden Familienchef Antonio Cordopatri waren daher im Sinne der Clans nur folgerichtig.

Der Rest schien reine Formsache; nachdem alle männlichen Mitglieder der Familie tot waren, es keine Kinder mehr gab, die einzig Überlebende, Teresa Cordopatri, bereits über sechzig und ledig war, mußte das Terrain an die Mafia fallen.

Doch statt dessen fiel etwas anderes: der Mythos der Unantastbarkeit, die Fama der Allmacht, die die Clans um sich herum aufgebaut hatten. Erstmals wurden nicht nur Killer verurteilt, sondern auch Auftraggeber, also angesehene Bosse. Und dies war erst der Anfang.

Inzwischen sind zahlreiche Prozesse, die vordem mit Sicherheit mit Freisprüchen geendet hätten, zum Alptraum der Clanchefs geworden. Gleich fünf Lebenslänglich verhängte ein Gericht im Frühjahr 1996 gegen die Mörder und Auftraggeber im Falle Ligato – der ehemalige Präsident der staatlichen Eisenbahnen war Ende der achtziger Jahre nach Reggio Calabria zurückgekehrt und dort wieder in die Politik eingestiegen: Er wurde genau wie Tonino Cordopatri direkt vor seinem Haus erschossen, als sichtbares Zeichen, daß die ’Ndrangheta zuschlägt, wo sie will.

Und selbst wenn klug eingefädelte Justizregie nach einem Lebenslänglich-Urteil in erster Instanz in der zweiten Freispruch bewirkt, verstopfen mutige Richter auch diesen Ausweg: Der Freispruch im Revisionsverfahren gegen die mutmaßlichen Mörder des Polizeikommissars Aversa in Lamerzia Terme wurde vom obersten Gericht kassiert – es gab der unteren Instanz recht, die lebenslänglich verhängt hatte. Ohne die spektakuläre Tat Teresa Cordopatris wäre dies alles kaum möglich gewesen.

Wie kommt eine solche Frau dazu, sich ohne alle Hilfsmittel, ohne alle Unterstützung von Behörden und Polizei, im Alleingang der Mafia entgegenzustellen?

Die Antwort erschließt sich langsam, aber kontinuierlich aus der Lektüre ihres Buches: Was sich anfangs liest wie eine Geschichte aus dem Leben einer Adelsfamilie und eine schwermütige Nostalgie nach der vergangenen heilen Welt, aber auch wie eine persönliche Leidensgeschichte durch die lebenslange Pflege des gelähmten Vaters, das erhellt mit jeder gelesenen Seite mehr die Gründe, warum sich die Cordopatri so unbeugsam erweisen: Redlichkeit, Aufrichtigkeit, Treue, die Liebe zum Land und den Menschen, die dort arbeiten, sind ihnen nicht leere Sprüche fürs Familienwappen, sondern gelebte Realität. Die Abgabe ihrer Ländereien an die Mafia war für sie kein Problem des massiven finanziellen Verlustes (die Gangster erwarten dabei traditionell den Nulltarif), sondern eine Frage von Recht und Gesetz. Die Bosse hatten keinerlei Anspruch auf die Ländereien, die Cordopatri umgekehrt hatten ihn vor mehr als tausend Jahren erworben und durch alle Zeitläufte bewahrt. So zogen auch die Angebote zahlreicher »Vermittler« nicht, die der Familie im Falle des Nachgebens eine goldene Zukunft etwa im Immobiliensektor garantiert hätten.

Wahrscheinlich konnte nur eine gleichzeitig so einfache und doch hochgebildete Frau wie Teresa Cordopatri diesen enormen Schritt wagen, sich auf ein Feldbett vor dem Justizpalast zu plazieren, flankiert alleine von ihrer Kusine Angelica Rago Gallizzi, und die Öffentlichkeit mit der ganz schlichten Frage aufrütteln: Wollt ihr weiter von jenen Herren kommandiert werden, die euch alles nehmen, weder Arbeit noch Brot geben und eure Lieben am Ende noch umbringen? Oder sind da noch mehr Menschen wie ich, eine Frau, die sechzig Jahre ihres Lebens zurückgezogen in einer längst der Gegenwart entrückten Welt gelebt hat und die aus den Werten dieses isolierten Lebens noch immer Kraft für die Zukunft schöpft?

Mit einemmal zeigte sich: Die Menschen in Kalabrien hatten nur auf diese merkwürdige Stimme einer einsamen Frau gewartet, um sich aufzuraffen, sich um sie zu scharen und ihrerseits jene Werte zu entdecken, die vielen von ihnen bis dahin eher vorgestrig erschienen waren. Und die Mafia getraute sich nicht, diese Frau auf der Piazza anzugreifen, ja nicht einmal mehr, ihre Zuarbeiter loszuschicken und sie madig zu machen oder gar aus dem Wege zu schaffen.

Eine Niederlage der Clans, die doppelt schwer wiegt, weil dieser Zusammenbruch des Mythos ihrer straflosen Gewaltausübung durch eine Frau zustande kam – für die männerbündischen Mafiosi eine unerträgliche Schande. Geradezu hilflos die Drohung, man werde die Baronin, wenn sie sich weiter unterstehe, »die Stelle eines Mannes einzunehmen«, auch wie einen Mann umbringen (mit der »Ziegenschleife«, wobei die Beine nach hinten gezogen und daran eine am Hals befestigte Schleife gebunden wird, so daß sich das Opfer langsam selbst erdrosselt).

Teresa Cordopatri ist nicht die erste Frau, die sich der Mafia widersetzt hat; bereits seit den frühen achtziger Jahren gibt es in Sizilien die »Vereinigung sizilianischer Frauen gegen die Mafia«, kämpfen in Neapel »Mütter gegen Drogen«, auch sie hatten Erfolg. Nie aber war es bisher einer Einzelkämpferin, wie Teresa Cordopatri, und vor allem war es noch nie Kalabresinnen gelungen, der Mafia den Nimbus der Allmacht zu nehmen.

Mittlerweile schlägt der Effekt weiter durch: Erstmals wurde in der Region mit der parteilosen Elisabetta Carulli eine erst 29 Jahre alte Frau Bürgermeisterin, und das in einer Gemeinde, Stefanachoni, die so mafiadurchsetzt war, daß Frau Carullis Vorgänger darob eingesperrt wurde, und in einer Provinz, deren langjähriger Abgeordneter Giacomo Mancini, vordem Chef der Sozialistischen Partei Italiens, auch er Bürgermeister der Kreishauptstadt, zu dreieinhalb Jahren wegen Unterstützung einer mafiosen Vereinigung verurteilt wurde.

Fraglich, ob Kalabrien Teresa Cordopatri am Ende ein Denkmal setzen wird. Zu verlockend sind die Verheißungen schnellen Reichtums und großer Macht, mit der sich die Dunkelmänner immer wieder durchgesetzt haben gegen die Werte, die Menschen wie die Cordopatri noch immer verzweifelt hochzuhalten und mit der sie Hoffnung für eine politisch saubere Zukunft zu erwecken versuchen.

Werner Raith*

* Das Original wurde von Teresa Cordopatri dei Capece und Angelica Rago Gallizzi in dritter Person geschrieben, was in der italienischen Literatur ein verbreitetes Stilmittel ist, der deutschen Ausgabe jedoch viel von ihrer packenden Authentizität genommen hätte. Nach Absprache mit dem Verlag und den Autorinnen wurde die Autobiographie für die deutsche Fassung in die erste Person übertragen.

1

Verfassung der Italienischen Republik

ARTIKEL 42

Das Privateigentum ist anerkannt und wird gesetzlich garantiert.

Bürgerliches Gesetzbuch

ARTIKEL 832

Jeder hat das Recht, unumschränkt und exklusiv im Rahmen der geltenden Gesetze und unter Beachtung der von der Rechtsordnung vorgeschriebenen Pflichten über sein Eigentum zu verfügen.

ARTIKEL 834

Niemandem darf ganz oder teilweise sein Eigentum genommen werden, es sei denn aufgrund des gesetzlich erklärten öffentlichen Interesses, und nur unter Bezahlung einer angemessenen Entschädigung.

Angelica und ich saßen in unseren roten Veloursesseln; schweigend horchten wir in unsere aufgewühlten Seelen hinein. Immer wieder lasen wir die Artikel der italienischen Verfassung und des Bürgerlichen Gesetzbuches durch, die die Benutzung und den Besitz des Privateigentums garantieren. Meine Kusine und ich fragten uns, welche Bedeutung diese Normen in Kalabrien wohl hatten.

Reggio Calabria wird oft als »Frontstadt« bezeichnet: Angesichts der Umstände, unter denen man hier lebt, hielten wir diese Bezeichnung auch für zutreffend; man kann diese Einschätzung sogar auf den gesamten Süden ausdehnen. Das öffentliche Interesse wurde hier durch das private verdrängt. Die Gesetze, die die Rechte und Pflichten der italienischen Bürger regeln, beginnen sich dort zu verändern, wo die Autobahn in den Süden enger wird. An dieser Stelle beginnt die Armut, der Verfall. Der Süden.

Das Gebirge wird rauher, Farben und Gerüche werden stärker, das noch immer tiefblaue Meer raunt Menschen, die das längst nicht mehr hören können, Geschichten der großen griechischen, römischen, albanischen Kulturen zu. Hier liegt Kalabrien. Die unterschiedlichen Gesichtsschnitte der Menschen zeugen von den vielen Imperien, die diesem Teil des Landes die verschiedensten Sitten und Gebräuche vermacht – ihn jedoch gleichzeitig auch all seiner Güter beraubt haben. Gemeinhin nennt man dieses Gebiet den »Rest von Italien«. Den armen Süden. Den ausgebeuteten Süden, den Süden mit seinen Geschichten von Armut und Tod. Den Süden mit der Geschichte der Mafia und der Arbeitslosigkeit.

Die Mafia: jene parastaatliche, paramilitärische Organisation, die mit ihren Kodizes von »Ehre und Gesetz« dafür sorgt, daß Mordtaten nicht gesühnt werden. Die Verwandten geleiten ihre Toten zum Friedhof, die schwarzen Kopftücher bedecken die tränenerfüllten Augen. Der Schmerz, die Wut zerreißen die Herzen; doch am Ende siegt die Angst: Der Mund bleibt verschlossen. Der Mörder ist der erste, der das Beileid ausspricht, doch niemand wird je sagen: Er war es, der gemordet hat, ich habe ihn dabei beobachtet. Die Wahrheit wird in den Herzen verschlossen bleiben, und so wird es weitere Morde geben, weitere Gewalt, weiteres Schweigen. Selbst wenn die Killer die Schluchten des Aspromonte verlassen und vom Sattel starker Motorräder aus Tod auf den menschenerfüllten Straßen und Plätzen der Städte des Südens säen, endet alles nach dem gleichen Muster: Tod, Angst, Schweigen. Omertà: die Verschwiegenheit der mafiosen Gesellschaft.

Omertà: jenes unheilvolle, bös-magische Wort, das aus den Kalabresen, vor allen aus denen im äußersten Süden, schweigsame, traurige, überaus verschlossene Menschen gemacht hat. »Wo sind sie geblieben, diese wunderbaren Geschichten von der Liebe, vom Leben unserer Menschen hier? Welcher böse Zauber hat die alte selbstbewußte Stimme Kalabriens zum Schweigen gebracht? Warum erzählt der Schirokko nicht mehr die Geschichte von der Liebe der Sirenen?«

Unser Schweigen war erfüllt von solchen Gedanken.

Längst vorbei die Zeiten, die aus dem Süden das Land der Arbeit und der Kultur gemacht hatten. Seit langem schon stirbt man in Kalabrien »an der Mafia«. Der Wirtschaftsaufschwung, die Sondergesetze für den Süden: Sie haben lediglich dazu geführt, daß die Schrotflinten durch lautlose moderne Präzisionspistolen ersetzt wurden und daß der Esel, der oft zusammen mit den Kaktusfeigen der einzige Zeuge der Mordtaten war, schnellen Autos Platz gemacht hat.

Die Justiz im Süden ist schwach; die Mafia nicht. Die Mafia ist stark, gut organisiert, effizient; sie vermag jeden zu bestrafen, der einen »Fehler« begeht. Und einen Fehler begeht, wer redet. Wer redet, stirbt »an der Mafia«. Dieser verfluchte Kettenschluß ermöglicht der Mafia, hat sie einmal mit dem Morden begonnen, selbst die unwahrscheinlichsten Bündnisse: mit der Rechtsprechung, mit der Politik, mit den Ordnungskräften. Die Omertà ist das Passepartout, mit dem man Geschäftsimperien errichten und sich in das gesellschaftliche Leben in Kalabrien einschalten kann, indem man den Lauf der Politik und der Wirtschaft bestimmt.

Wir lasen erneut die Artikel durch, die das Privateigentum anerkennen und schützen, und dachten an die dreißig Jahre, in denen uns die Mafia enteignet und der Staat gleichgültig dabei zugesehen hat.

Mit zehn Jahren verließ ich zum erstenmal den Palazzo meiner Großeltern mütterlicherseits in Nicastro, wo ich geboren wurde und mit meiner Familie lebte. Unser Vater, Baron Domenico Antonio Cordopatri dei Capece, wollte zusammen mit unserer Mutter Isabella d'Ippolito und uns den Winter in dem Landhaus verbringen, das er gerade im Olivenhain von Castellace fertiggestellt hatte.

Wir drei Kinder – ich war die Älteste, danach kamen meine Brüder Antonio und Francesco – sahen den Umzug als etwas merkwürdige Ferien an. Oma Teresa hatte unserem Vater besorgt vom Umzug an einen Ort abgeraten, wo es weder Wasser noch elektrischen Strom gibt. Die Reise der Familie begann an einem kalten Morgen Anfang November.

Mit zwei Balilla-Limousinen, die eine gesteuert von unserem Vater, die andere von unserem Chauffeur, verließen wir den Palazzo der Grafen d'Ippolito, noch ehe das Morgenlicht die Schatten der Nacht ganz aufgelöst hatte. Darum sah auch nur unsere Mutter die Tränen ihrer Mutter, als sie sich vor dem Einsteigen noch einmal umarmten. In der Ballila mit dem Chauffeur Giovanni, der Referenzen als Fahrer des Königshauses der Savoyer mitgebracht hatte, saßen wir drei Kinder und die Gouvernante, dazu kam noch eine Menge Gepäck. In der anderen Limousine, neben unserem Vater, saß Mutter in ihrem bordeauxfarbenen Regenmantel, den sie während einer Reise nach Berlin gekauft hatte; in dem Fond hatten die Zofe und der Verwalter Platz genommen. Bei der Abfahrt drehte sich Mutter noch einmal um zur Oma, die am Einfahrtstor stand und uns noch weiter nachwinkte. Die beiden Frauen waren einander so zugetan, daß sie sich auch ohne jedes Wort verstanden. Unsere Großmutter kannte die große Liebe ihrer Tochter zum Baron Domenico, genannt »Mimì«: Nur aufgrund dieser Liebe hatte sie die Entscheidung ihres Ehemannes zum Umzug in ein höchst unbequemes Landhaus akzeptiert. Mutter und Tochter winkten noch immer, als der Wagen schon in den Corso Numistrano eingeschwenkt war und man vom großen Palazzo nur mehr das Dach sah und bald danach auch das nicht mehr. Meine Mutter ergriff die Hand ihres Ehemannes, der sie bewegt anblickte und ihr zuflüsterte: »Danke, Liebste.«

Während der Reise, die zunächst recht still voranging, überkamen uns alle Erinnerungen, doch wir wälzten auch schon Pläne für das neue Zuhause. Vater betrachtete vom Steuer aus aufmerksam den Himmel: Das Wetter versprach nichts Gutes. Tatsächlich mußten wir die Fahrt dann plötzlich an der Kurve der Ferrandina (Auffahrt zu den Ländereien in Castellace, d. Ü.) unterbrechen: Das schlechte Wetter erwischte uns am Fuße der Serre, nach den letzten Kehren von Rosarno, und nun prasselten Wind und Regen nieder. Wir konnten die Fahrt nicht mehr fortsetzen: Das Wasser hatte die Straße in einen reißenden Bach aus Schlamm und Geröll verwandelt. Wir mußten die Autos verlassen und verpackten alles auf Ochsenkarren.

Unter dem Stoffdach, das uns wenigstens vor dem schlimmsten Regen schützte, fand lediglich Mutter auf einem Holzschemel Platz, wir anderen saßen auf Gepäckstücken auf dem Boden des Karrens. Für Tonino und Franco wurde die Reise zu einem vergnüglichen Abenteuer: All die neuen Dinge erregten ihre Aufmerksamkeit und lenkten sie ab; so bemerkten sie nicht die Besorgnis im Gesicht unserer Eltern. Ich aber suchte, fröstelnd und verängstigt durch das Donnergetöse vom Himmel, die Hand meiner Mutter und fragte Vater immer wieder: »Wann sind wir denn im neuen Haus?«

Nach der Kehre der Ferrandina bewirkte eine Aufheiterung des Gewölks bei unserem Vater einen mächtigen Seufzer der Erleichterung: Schon kurz nach Fahrtbeginn, bereits bevor die Scheibenwischer keinen sicheren Blick auf die Straße mehr bieten konnten, hatte er mit Mutter überlegt, ob man uns drei Kinder nicht doch besser nach Nicastro zurückschicken sollte. Das Stückchen blauer Himmel, das sich da plötzlich zwischen den Wolken über dem Gebirge von Oppido Mamertina auftat, schien ihnen aber nun doch ein gutes Vorzeichen für die Barone Cordopatri: Sie entschieden sich zur Fortsetzung der Reise.

Der Hausmeister in Castellace hatte angesichts des schlechten Wetters vermutet, daß wir gar nicht mehr kommen würden. Als er uns dann sah, begrüßte er uns überrascht: »Die Herrschaften sind wie der Tod, der immer kommt, auch wenn man ihn nicht erwartet.«

Wir lächelten darüber, dann baten wir alle ins Haus zu einem heißen Umtrunk. Franco und Tonino rannten, kaum vom Wagen herunter, fröhlich zwischen den Bäumen herum. Ich folgte Mutter in das neue Heim; nach einem kurzen Rundgang durch die wenigen Räume fand ich es klein, kalt und karg und fragte meine Eltern sofort, wann man denn nach Nicastro zurückfahre. Durch die Scheiben der kleinen Veranden blickte ich auf die großen Olivenbäume und auf den Himmel, der erneut schwarz geworden war und alles in düstere Schatten hüllte. Tief innen fühlte ich eine gewisse Traurigkeit: Die fröhlichen Wortwechsel meiner Eltern schienen mir unverständlich. Ich ärgerte mich über die Zurufe meiner Brüder, mit denen sie mich zum Fangenspielen aufforderten. Die Gegend hier machte mir angst, rief Traurigkeit hervor.

Zum erstenmal schmeckte mir die heiße Schokolade nicht, ich ließ auch die Kekse unbeachtet liegen. Dann ging ich zur Gouvernante, um herauszufinden, wie lange sich Mutter an diesem schlimmen Ort aufhalten wollte. Vater bemerkte meine Abneigung gegenüber diesem Ort, und meinte, ich solle mir doch vergegenwärtigen, daß die Olivenbäume von Castellace acht Jahrhunderte Geschichte darstellen, eine Geschichte, in deren Verlauf unsere Vorfahren, der Kriege und der Liebe wegen, aus Nordeuropa durch ganz Italien gezogen sind, um sich dann in Kalabrien niederzulassen.

Am ersten Sonnentag nach unserer Ankunft nahm mich Vater schon am frühen Morgen zu einem Gang durch die jahrhundertealten Olivenhaine mit. Er umfaßte liebevoll meine Schultern und erzählte mir die Geschichte unserer Familie und die Geschichte des Olivenhains von Castellace. Die Geschichte der »Cordopatri dei Capece« also.

Die Ursprünge der Capece verlieren sich im Dunkel des Hochmittelalters. Nicht alles liegt klar zutage in der Überlieferung von Generation zu Generation. Niemand weiß, wo die Dokumente der Familie nach den verschiedenen Plünderungen, den Bränden, den überstürzten Fluchten geblieben sind. Vater erzählte mir, daß unsere Vorfahren aus Schweden gekommen waren, noch vor dem siebten Jahrhundert. Mit den Langobarden waren sie in die Romagna gezogen, damals byzantinisches Herrschaftsgebiet. Danach folgten sie immer neuen Waffengängen, kamen mit Karl dem Großen, der das ganze Land nach seinem Sieg über die Langobarden befriedet und als Königreich geeint hatte, um 800 in die Campania. Die Erhebung der Capece in den Adelsstand und ihre Ausstattung mit einem üppigen Lehen geht also bis in die Karolingerzeit zurück.

Gesichert ist, daß ein Adeliger mit Namen Sigismondo Capece 878 an der Seite von Ludwig dem Jungen gekämpft hat, dem König des Ostfrankenreichs und Urenkel Karls des Großen. Die Frauen aus seiner Sippe erwiesen sich als äußerst dynamisch und gebildet, Musterbeispiel ist die Teodorata Capece aus Riccanda. Sie lebte um 850, war Erzieherin und wurde dann die Frau von Karl III. dem Dicken, König von Frankreich und Kaiser des Heiligen Römischen Reiches. In die Geschichte eingegangen sind in dieser Zeit auch der tapfere Luigi Capece, ein Fürst im Gefolge des Sventiboldo, König von Lothringen, sowie Ginello Capece, neapolitanischer Konsul im Jahre 1007, und ein Antonio Capece, der Berater von Karl V. war.

Unsere Vorfahren waren also Adelige aus dem Bereich der Kriegskunst und der Kultur. Ich hörte aufmerksam all den Geschichten zu, die Vater mir mit großer Begeisterung erzählte.

So erfuhr ich auf diesem Spaziergang zwischen den Olivenbäumen auch, daß die Capece, als die Karolinger den Päpsten die Oberherrschaft über Italien überließen, große Auseinandersetzungen mit der Kirchenleitung hatten, die ihre Lehensgüter in Frage stellte.

Die Auseinandersetzung darüber zog sich mehrere Generationen lang hin, mit jeweils unterschiedlichem Ausgang. Als sich Friedrich II. dem Kirchenprimat zu entziehen versuchte, den die Päpste ihm ständig aufzuerlegen trachteten, stellten sich die Capece auf die Seite der Staufer und ihrer kaiserlichen Politik; sie folgten dem Kaiserhaus fortan in guten wie in schlechten Zeiten. Die Epoche Friedrichs II. verlief denn auch für die Familie Capece höchst glücklich.

Nach dem Tod dieses aufgeklärten Herrschers überstürzten sich jedoch die Ereignisse. Auf den Thron Siziliens stieg nun Manfred, sein Sohn, der sich mit der Feindseligkeit von Papst Clemens IV. und dem Verrat einiger Barone auseinandersetzen mußte: Karl von Anjou griff ein, begann den Krieg gegen Manfred, besiegte und tötete ihn 1266 in der Schlacht von Benevent. An der Seite Manfreds hatte Vorfahr Corrado Capece, Herr von Atripolda, mit unbändigem Mut gekämpft: Er blieb dem Hause Staufer bis zuletzt treu, wurde von den Anjou in Centuripe gefangengenommen, geblendet und dann umgebracht.

Vater prägte mir in diesem Zusammenhang ein, daß man das eigene Land und die eigenen Ideen niemals verraten darf, auch wenn man dafür sein Leben opfern muß.

Sigismondo Capece war nach der Niederlage Manfreds den Verfolgungen der Welfen ausgesetzt, die sein Lehen beschlagnahmten. Er entkam weiteren Repressalien durch den Umzug in die Romagna und die Änderung seines Namens. Er nannte sich nun Riccio (woraus dann Rizio wurde), weil er stark gelocktes

Haar (italienisch: riccio, d. Ü.) hatte, und wählte als Nachnamen Cordopatri: »Cor-do-Patri« bedeutet »treu dem Vaterland«. Womit er seine Treue zum staufischen Kaiserhaus belegte.

Sigismondo Rizio Cordopatri reiste nach dem Tod Manfreds zusammen mit seinen Onkeln Corrado und Jacopo nach Deutschland, um Konrad IV. zum Zug nach Italien und zur Eroberung Siziliens zu bewegen; dafür bot er die bedingungslose Unterstützung seines Heeres und seiner Familie an. Das Unternehmen endete mit der Schlacht bei Tagliacozzo; Konrad wurde geschlagen und enthauptet, und auch Corrado und Jacopo wurden von Karl von Anjou getötet.

Vater blieb unter einem der uralten Olivenbäume stehen. Er hob sachte meinen Kopf und sah mir gerade ins Gesicht: Ich sollte erkennen, daß die Zeiten vergehen und die Generationen der Capece einander abwechseln, doch zwei Besonderheiten hätten die Mitglieder unserer Familie stets ausgezeichnet: Redlichkeit und Treue.

Diese Eigenschaften veranlaßten Sigismondo Capece, der nun zu Rizio Cordopatri geworden war, zur Flucht vor dem Terrorismus der Welfen und der Besatzer aus der Provence und zur Herstellung von Beziehungen zu Costanza, der Tochter Manfreds: Sie hatte Pietro III. von Aragon geheiratet, und so war sie die einzige, die Rechte auf den Thron von Sizilien geltend machen konnte.

Sigismondo Rizio Cordopatri bot Costanza von Aragon seine Hilfe an: Ihr gelang es dann 1276 auch, sich zur Königin von Sizilien krönen zu lassen. Zur Anerkennung für die Treue und den Mut des Barons gab sie ihm sämtliche beschlagnahmten Ländereien zurück und schenkte ihm weiteren Grund und Boden. Sigismondo Cordopatri Capece kehrte nach Kalabrien zurück und nahm sein Lehen mit den von der Königin von Sizilien dazugeschenkten Gebieten in Besitz. 1286 richtete er sich endgültig in Kalabrien ein, nachdem er Beatrice, die Tochter Rogers von Lauria, geheiratet hatte. Diese brachte als Mitgift einige Besitztümer in Terranova aus dem alten Lehen des Vaters ein.

Rizio Cordopatri gründete nun das Gut »Ritiicolis«: Dort fanden die Nachfahren der früheren Einwohner von Meturia und Tauriana eine neue Heimat – ihre Dörfer waren von den plündernden Horden, die Kalabrien überfallen hatten, zerstört worden. Ein altes Pergament belegt, daß der derzeitige Name Rizziconi sich von »Ritiicolis« ableitet.

Vater erklärte mir nun, daß nach Sigismondo alle männlichen Nachkommen unserer Familie zur Erinnerung Rizio als zweiten Name bekamen: Auch meine Brüder Franco und Tonino trugen sie. Und alle Mitglieder der Familie dürfen den Titel eines Barons Cordopatri und Fürsten von Capece führen.

Die Nachfahren Sigismondo Rizio Cordopatris traten in verwandtschaftliche Beziehungen mit den Familien des bedeutendsten Hochadels in ganz Italien, nicht nur im Süden. Corrado, der Sohn Rizios, heiratete im Jahr 1300 Elena Telesio aus dem Adelsgeschlecht von Cosenza, aus dem der 1509 geborene Bernardino Telesio stammte, der berühmte Philosoph und Naturforscher. 1430 bekleidete Luigi Francesco Cordopatri hohe politische Ämter im Königreich Neapel: Er heiratete Fabrizia Ruggera Ruffo von Kalabrien, die Fürstin von Sinopoli, letzte aus dem Sproß der Ruffo von Sinopoli, weshalb dann alle ihre Güter in das Vermögen der Cordopatri einflossen – deren Besitz damit zu einem der ausgedehntesten und reichsten Feudalbesitze des Königreichs Neapel wurde.

Der Sohn von Luigi Francesco, Cesare Rizzio, bekam von den Aragonen auch den Titel eines Grafen von San Martino verliehen; er heiratete 1500 die Fürstin Elena Pignatelli und nach deren Tod in zweiter Ehe ihre Schwester Elvira. Im Jahr 1600 nahmen die Cordopatri verwandtschaftliche Beziehungen mit den Grafen Piccolomini von Aragon und im Jahr 1700 auch mit den Grafen Baldacchini auf.

Maria Carolina Baldacchini galt als sehr schön; sie brachte als Mitgift 106 Damasttücher von höchster Qualität in die Ehe. Davon ist ein einziges noch heute im Familienbesitz, es sollte auch Teil meiner Mitgift werden. Die schönsten dieser Tücher sind in einem Museum in Neapel aufbewahrt.

Nach 1700 teilte sich die Familie Capece in zwei Linien auf. Die eine residierte in Paracorio, dem heutigen Delianova, der andere in Montaleone, heute Vibo Valentia.

Danach verzweigten sich die Cordopatri noch weiter in verschiedene Adelsgeschlechter. Jedes davon durchlebte dann auf seine Weise die geschichtlichen und politischen Erschütterungen, die Italien zuerst in ein Königreich und dann in eine Republik verwandelten: Doch immer zollten die Cordopatri den ihnen möglichen militärischen, kulturellen und ideellen Tribut. Stets im Zeichen jener Werte, die sie seit jeher ausgezeichnet haben: Redlichkeit und Mut.

Vaters Blick erfüllte sich bei der Erinnerung an all diese Taten unserer Vorfahren mit Stolz. Er wies auf die Olivenbäume: »Dieses Land, mein Kind, ist das Land meiner Väter. Es ist das Land, das ich liebe. Hier, unter diesen Olivenbäumen habe ich die Werte kennengelernt, die die Größe eines Menschen ausmachen. Diesen Bäumen ist die Erinnerung an unsere Vergangenheit anvertraut, hier entsteht unsere Zukunft. Sie sind Zeugen einer glorreichen Vergangenheit. Meiner Vergangenheit. Die Wurzeln meines Lebens. Die Liebe, die mich an dieses Stück Erde bindet, ist genauso groß wie die zu meinem Leben. Wenn du diese Erde liebst, meine Tochter, liebst du auch das Leben.« Er bückte sich hinunter zu dem Boden, der für die Olivenernte gerade von allem Unkraut gesäubert worden war, nahm ein paar Krümel Erde in die Hand und blickte in die Ferne, über meinen Kopf hinweg, so, als suche er zwischen den mächtigen Stämmen der Olivenbäume nach den Geschichten aus seiner Kindheit, die er hier verlebt hatte. Feierlich sagte er dann: »Die Erde, meine Tochter, ist heilig.«

Ich war damals zwar kaum mehr als ein Kind, doch ich bemerkte die Feierlichkeit in den Worten meines Vaters und dachte, nun solle wohl auch ich etwas Erde in die Hand nehmen. Ich legte meine kleine Hand in die große meines Vaters; der drückte sie ganz fest in der seinen. Meine verängstigte Stimme sagte, fast ohne daß ich es wollte: »Ja, Pappi, auch ich habe diese Erde lieb.«

Dann gingen wir schweigend nebeneinander her. Die mächtige Figur Vaters schien meinen kleinen Körper neben sich vor allem Bösen zu behüten. Nahe dem Haus blieb der Vater stehen und deutete mit einer großen Handbewegung auf all das Land ringsum: Noch einmal brachte er mir in Erinnerung, daß man aus der Liebe zur Erde stets die besten Lehren für ein Leben voller Kraft, Mut und Anständigkeit gewinnen wird.

Ich war glücklich, als wir wieder am Haus angelangt waren. Bei meiner Familie fühlte ich mich ruhig, bei den guten Gerüchen aus der Küche, dem schönen, heiteren Gesicht meiner Mutter, den Stimmen meiner kleinen Brüder. Von den Erzählungen Vaters behielt ich nur die Geschichten von der Liebe und den Waffen im Gedächtnis.

Begeistert hatte ich die lange Geschichte gehört, die meiner Familie den Adelstitel und die Feudalgüter erbracht hatte. Ich hatte verstanden, daß diese Bäume vom Mut und der Anständigkeit zeugten, die unsere Vorfahren Jahrhunderte hindurch ausgezeichnet hatten. Ich versprach meinem Vater, daß ich mich stets um die Liebe zu diesem Stück Erde bemühen würde. Ich versprach es, aber es gelang mir dennoch nicht, beim Anblick der Olivenbäume einen Anflug von Traurigkeit zu verdrängen.

Die große, starke Hand Vaters drückte die meine und gab mir den Mut zu diesem Versprechen. In meinen Ohren klangen noch immer die mutigen Taten unserer Vorfahren nach, und so wiederholte ich mein Versprechen: Ich werde dieses Land lieben. Der Spaziergang zwischen den Olivenbäumen war lang gewesen, die Erzählung hinreißend; ich war nicht müde, hatte aber nun großen Appetit. Als wir ins Haus zurückgingen, leuchtete die Sonne von der Gegenseite her in die Olivenbäume und tauchte sie in einen silbrigen Glanz; auf dem Boden zeichneten sich die langen Schatten der Stämme ab.

Der Mittagstisch war festlich hergerichtet. Mutter und meine beiden Brüder erwarteten uns bereits. Ich setzte mich neben Vater und stellte Fragen: Immer mehr wollte ich nun wissen, wollte das Familienwappen sehen, verlangte nach weiteren Auskünften; dabei vergaß ich meinen ganzen Hunger. Die Geschichten, die mir Vater am Morgen erzählt hatte, waren voller Rätsel, meine Phantasie kreiste nun um die magischen Pfade der Ritter, die Burgen, die edlen Damen.

Vater war glücklich, daß er seiner Tochter weitererzählen konnte über seine Vorfahren; ich folgte jedem seiner Worte mit großem Interesse. In Castellace gab es keinen elektrischen Strom, die Petroleumlampen warfen bereits am späten Nachmittag düstere Schatten auf die Zimmerwände.

Ich bat Vater um Erlaubnis, aufstehen zu dürfen. Von der Veranda aus guckte ich aus dem Fenster. Oben, über dem scharfen Profil des Gebirges war der Himmel noch hell; unten, zwischen den Olivenbäumen war es bereits dunkel. Der Zauber der Erzählungen war verflogen. Ich blickte Vater an und sagte: »Pappi, unter den Olivenbäumen ist alles schwarz.«

Die Jahre vergingen, doch die Traurigkeit befiel mich jedesmal, wenn wir in Castellace ankamen. Selbst dann noch, als ich, nun schon heranwachsend, genau wußte, daß sich mein Aufenthalt auf dem Land lediglich auf die Weihnachts- und Osterferien beschränken würde, wenn ich aus dem Internat Santa Dorotea in Neapel nach Hause zurückkehrte. Trotz des Versprechens, das ich Vater gegeben hatte, gelang mir die Liebe zur Olivenplantage in Castellace nicht. Alles, was mit diesem Stück Erde verbunden war, bildete für mich einen Anlaß, es hier nur noch ungastlicher und dusterer zu finden. Im Arbeitszimmer Vaters stand der seit Generationen vererbte Palisanderschreibtisch, an dem Giovanni Andrea Cordopatri schon in jungen Jahren über Theologie und Poesie geschrieben hatte; dahinter hing eine Landkarte aller Ländereien der Familie. Dort hielt sich Vater gerne auch noch abends nach dem Essen mit uns Kindern auf. Da saß er dann neben dem Kamin in einem großen schwarzen Ledersessel, nahm mich auf seinen Schoß, strich mal über die blonden Haare Francos, mal über das pausbäckige Gesicht des kleinen Tonino und erzählte uns die Legenden der Ritter und ihrer Damen. Aus den Geschichten wurden phantastische Abenteuer, die uns drei sehr lange wach hielten; wir lauschten gespannt und mit leuchtenden Augen.

Dem kleinen Tonino blieben diese Geschichten als wunderbare Taten im Gedächtnis, oft nahm er meine Hand, weil ich schon lesen und schreiben konnte, und ließ sich auf der Landkarte zeigen, welche dieser Burgen der König den Urgroßvätern geschenkt hatte, welches der Fluß war, den einst ein Zauberer hatte austrocknen lassen, wo der magische Ring heute liegt, der die Krieger aus dem Hause Cordopatri stark und unbesiegbar gemacht hatte, und wo man die Fahnen nach gewonnener Schlacht anbrachte. Er wollte wissen, ob unsere Vorfahren immer und überall gewonnen hatten und ob man immer gewinnen müsse; er fragte mich, danach fragte er auch Vater. Der antwortete, daß man sich über das Siegen hinaus immer gut betragen und stets die auferlegte Pflicht erfüllen müsse.

Das waren denn auch die einzigen Augenblicke, die mir im Gedächtnis blieben. Alles andere war von einem düsteren Schleier aus Melancholie, Einsamkeit und Traurigkeit umwoben. Die Frauen in Castellace waren fast immer schwarz gekleidet und sprachen nahezu unentwegt über Tod und Gefängnis. Ich hörte verschreckt, daß Menschen wegen eines einzigen Baumes umgebracht wurden, oder um ihnen das Amt eines Hauswarts abzunehmen. Die Bäuerinnen erzählten mir von einem Mann, der schon neunzig Jahre alt war und der einen Großteil seines Lebens im Gefängnis verbracht hatte, stets wegen irgendwelcher Händel im Zusammenhang mit Eigentumsfragen. Von nichts anderem war hier in Castellace die Rede, und so bekam ich auch nichts anderes zu hören. Als die Mafia sich dann für die Ländereien in Castellace zu interessieren begann, wuchs in mir die Überzeugung, daß die Angst, die mich seit jeher beim Anblick der Olivenbäume überfallen hatte, nichts anderes war als das Vorspiel zu jener Tragödie, die diese Bäume dann mit dem Tod meines Bruders Antonio verknüpfte.

Die Mafia hatte meinen Vater schon früh über ihre Absichten hinsichtlich der Ländereien informiert, doch der war nicht einzuschüchtern und sorgte für seine Olivenbäume nur noch mit mehr Liebe als zuvor. Doch die letzten zwanzig Jahre seines Lebens fesselte ihn eine Lähmung an den Rollstuhl, und so nahm er die Veränderungen der Mafia in Castellace nicht wahr. Diese Veränderungen begannen, als die Familie Mammoliti sich in den Kämpfen der örtlichen Clans zur Oberherrschaft über viele Ländereien von Oppido Mamertina aufschwang.

Vater gab dem Druck der Mammoliti nicht nach: Diese wollten seine Ländereien weniger des wirtschaftlichen Gewinns wegen übernehmen als vielmehr aus Gründen mafioser Prestigesucht. Gelang es ihnen, den Baron Mimì Cordopatri ihrem Willen zu unterwerfen, so hatte dies Signalcharakter für alle anderen Grundbesitzer: Diese würden danach keinerlei Widerstand mehr leisten. Wir drei Kinder bauten um unseren alten Vater eine Art Schutzwall auf; Informationen über die Mafia gelangten nur »bereinigt« zu ihm. So konnte er das mit dem Namen seiner Familie und seiner Person verbundene Prestige und seine Liebe zum Dorf Castellace für ausreichend halten, die Mafia an Aktionen, die über ein paar Diebstähle und Drohungen hinausgingen, zu hindern.

Vater war überzeugt davon, daß die Justiz, die er selbst stets über alle Übergriffe auf sein Gebiet informierte, sein Land schützen werde. Er kam nicht im Traum darauf, daß die Mafia mit Waffen gegen seine Kinder losschlagen könnte, gegen Menschen aus dem Geschlecht der Cordopatri: Sie würde es einfach nicht wagen. Der Baron starb in dieser Gewißheit und verlangte von seinen Kindern am Sterbebett, ihren Besitz niemals an die Mafia abzutreten. Tonino und ich waren bis zu seinem Tode bei ihm und verhinderten, daß die bösen Nachrichten von der zunehmenden Gewalt und den neuen Zwangsmethoden der Mafia von Castellace zu ihm durchdrangen: Respekt vor den Menschen, das alte Geschlecht der Cordopatri eingeschlossen, gab es längst nicht mehr.

Nach dem Tod des Domenico Antonio Rizio Cordopatri dei Capece lasteten die Probleme mit der Mafia und den Ländereien alleine auf den Schultern seines Sohnes Tonino. Die Mammoliti sahen daher nur noch ein einziges Hindernis, bevor sie sich zu den Herren der Olivenhaine aufschwingen konnten: Tonino Cordopatri, den einzigen Erben der Ländereien von Castellace. Die Mafia beging den Mord an Baron Tonino am 10. Juli 1991.

Domenico Cordopatri dei Capece

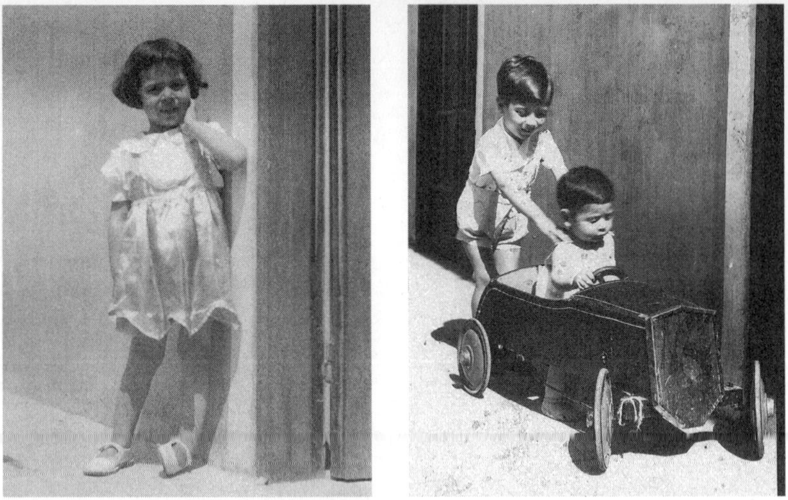

Die drei Kinder der Cordopatri

Das Landhaus der Familie Cordopatri

2

Der Tod des Barons Tonino

Reggio Calabria, 10. Juli 1991, 9 Uhr 30. Drei Pistolenschüsse töten den Baron Antonio Carlo Rizio Cordopatri dei Capece, als er zusammen mit seiner Schwester Teresa in seinem Kraftwagen aus dem Tor ihres Hauses Via D'Annunzio 9 herausfährt.

Der Killer Salvatore Larosa richtet seine Waffe nach dem Mord an dem Baron auf die Schwester. Doch die Pistole hat Ladehemmung, und der Killer flieht, verfolgt von der Baronin Teresa. Salvatore Larosa wird von der Polizei wenige Meter vom Tatort festgenommen.

Der Krankenwagen wird gerufen, erscheint jedoch erst nach längerer Zeit und mit ausgeschalteter Sirene.

Die Mafia hat das seit mehr als dreißig Jahren angekündigte Verbrechen begangen.

Der Sommer 1991 war in Reggio Calabria besonders heiß und schwül. Der 10. Juli war noch dazu seit dem frühen Morgen vom Schirokko geplagt. In unserem Haus an der Via D'Annunzio 9 begann der Tag ruhig wie immer.

Ich litt unter der Schwüle und war schon seit Stunden wach; ich hatte bereits den ersten Autobus durch den Corso Garibaldi unter dem Balkon meines Schlafzimmerfensters vorbeifahren hören, danach das rostige Schnarren des Rolladens am Zeitungskiosk und dann das langsame Aufleben der Straßengeräusche wahrgenommen. Der Palazzo der Cordopatri hat nur ein Obergeschoß, nahezu alle Fenster und Türen öffnen sich zur Hauptstraße Reggio Calabrias hin. So konnte ich, wenn ich wachlag, im Sommer bei geöffnetem Fenster auch durch die herabgelassenen Läden hindurch nachts oder morgens gut die Stimmen der Menschen auf der Straße unterscheiden. All diese Geräusche machten mir nichts aus, im Gegenteil, sie leisteten mir so etwas wie Gesellschaft. Aus der Art der Geräusche und dem Gekreisch auf der Straße konnte ich ohne Blick auf die Uhr die Zeit bestimmen.

Früher, als im Haus noch viele Leute lebten, lag mein Schlafzimmer zum Innenhof hinaus. Die Großeltern fanden es das ruhigste Zimmer und wollten, daß ihre einzige Enkelin dort ausruhen konnte. Im Lauf der Zeit hat sich dann viel geändert, ein großer Teil des Hauses blieb unbewohnt, und so verlegten Tonino und ich unsere Zimmer lieber zur Hauptstraße hin. Den Palazzo Cordopatri hatte einst mein Onkel erbaut, Ingenieur Ottorino Cordopatri; seine Familie war 1926 da eingezogen.

Die Außenwände dieses Palazzo waren bis zur halben Höhe geklinkert; damals war es das einzige Haus in Reggio Calabria mit Rolläden: Die Idee dazu hatte der Onkel aus Turin mitgebracht, wo er am Polytechnikum studiert und mit Bestnote abgeschlossen hatte. Im zentralen Raum des Gebäudes wohnte zunächst Baron Francesco mit seiner Frau Rosina, einer Nichte des Admirals Carraciolo, und ihren Kindern Palvisina und Giselda. Ein weiteres Apartment belegte sein ältester Sohn Domenico mit seiner Familie. Die anderen beiden Söhne, Antonio und Orrorino, beide unverheiratet, wohnten in den Seitenflügeln; die dortigen Räume waren etwas kleiner als die an der Hausfront.

Aus unserer Familie lebten nun nur noch Tonino und ich im Palazzo Cordopatri; Bruder Francesco war vor Jahren nach Florenz gezogen und im vorangegangenen Winter an einem Lungentumor gestorben. Tonino und ich waren unverheiratet geblieben und wohnten nun ganz allein in dem großen Haus mit dem hohen, bereits vom eindringenden Regenwasser zerstörten Dach. Der Palazzo hatte all seinen früheren Glanz verloren; als dann zum Zahn der Zeit auch noch die schmerzhaften Ereignisse in der Familie kamen, spürte man in den Zimmern allenthalben vor allem Trübsinn. Dieses Gefühl hatte sich in den letzten Monaten noch weiter verstärkt. Erhebliche finanzielle Probleme hatten die Renovierung des Palazzo verhindert; die Fresken, die die Decken an verschiedenen Stellen schmückten, waren ausgeblichen, die Stuckarbeiten zerbröselten, die wunderschönen Nußbaumtüren hatten dringend einen geschickten Restaurateur nötig, um den Glanz wiederherzustellen wie in jenen Jahren, als die Adeligen

Kalabriens miteinander um Einladungen ins Haus der Barone Cordopatri gewetteifert hatten.

In den beiden Empfangsräumen waren die damastseidenen Sofas und Sessel aus dem 18. Jahrhundert mit ausgedienten Bettüchern bedeckt, ebenso die großen Spiegel mit ihren schwarzen Ebenholzrahmen und den eingeschnitzten Familienwappen, die den Großteil der Wände bedeckten.

Diese Spiegel hatte Großvater Francesco von seiner Mutter zur Hochzeit geschenkt bekommen, der Baronin Marianna Franco von Genua; hergestellt hatte sie die Firma Soleil in Paris, die zu den Hoflieferanten des französischen Königshauses gehörte. In diesen Spiegeln sollten sich elegante, lächelnde Frauen reflektieren; doch die Zeit, in der das wirklich geschah, war dann nur kurz: Viel öfter sahen die Spiegel geschlossene Fenster und Augen voller Tränen. Ein riesiges Gebäude, in das das Lachen und die Spiele unzähliger Kinder hineinpassen würden: Doch ein tragisches Geschick hat hier nur Trauer vorgesehen, Schmerz, Leichenfeiern. Es gibt keine fröhlichen Stimmen darin, keine erheiternden Tollereien der Kinder.

An all das dachte ich wieder einmal an jenem Morgen, als ich wach in meinem großen hellen Nußbaumbett lag. In letzter Zeit war ein Großteil unserer Gedanken von unseren Problemen mit der Mafia besetzt und von den wirtschaftlichen Schwierigkeiten, die daraus entstanden waren. Ein Leben ohne Grundbesitz und ohne Familienwappen wäre wohl einfacher gewesen, dachte ich: Ganz sicher hätten wir alle viel ruhiger gelebt. Im übrigen hatte der Reichtum des Hauses Cordopatri an Grundbesitz für Tonino und mich sowieso nur Steuerzahlungen bedeutet, Streit in der Familie und Attentate der Mafia, die gierig nach unseren Ländereien griff.

Die wirtschaftlichen Probleme hatten sich so immer mehr gesteigert. Doch wir beide, die wir aus familiären Gründen in Reggio Calabria bleiben mußten, hatten uns auch an den Kodex unserer gesellschaftlichen Schicht zu halten, wonach ökonomische Engpässe, Schwierigkeiten und Entsagungen jeglicher Art strikt innerhalb des Hauses zu behandeln sind: Niemals darf ein Problem hinausgetragen werden aus den großen Räumen mit seinen auserlesenen französischen Möbeln aus dem frühen 19. Jahrhundert. Der Seitenflügel der Dienerschaft war schon seit dreißig Jahren geschlossen. Als zu den wirtschaftlichen auch noch gesundheitliche Probleme kamen, blieb die Garage ebenfalls zu: Tonino verkaufte sein Auto, es dauerte geraume Zeit, bis er sich ein anderes, gebrauchtes, kaufen konnte.

Trotz alledem blieb unsere Antwort an die Mafia stets ein entschiedenes Nein.

Die Ländereien von Castellace sind Teil jener Lehen, die der Familie schon vor dem 13. Jahrhundert gehörten; sie müssen im Eigentum der Cordopatri bleiben. Unser Vater hatte stets gesagt, dieser Besitz sei damals durch Heldentaten geschaffen worden – es wäre ein Akt der Feigheit, ihn an die Mafia abzugeben. Die Cordopatri aber kennen keine Feigheit. Vater hatte uns Kinder auch immer wieder darauf hingewiesen, daß unser Geschlecht eines der wenigen sei, auf dessen Wappen statt der üblichen Fahnen Schwerter eingemeißelt sind: Das aber bedeute, daß unsere wichtigsten Eigenschaften Mut und Entschiedenheit seien. An die Mafia gäben die Cordopatri nicht einmal einen trockenen Olivenzweig oder eine Handvoll Erde ab. Als Vater sein Ende herannahen fühlte, betete er zusammen mit uns Kindern für sein Seelenheil – und ließ sich von uns versprechen, daß wir uns entschieden jeder mafiosen Forderung verweigern würden. Dann küßte er uns, drückte die Hände seines Sohnes Tonino, blickte zu einem Heiligenbild auf der Kommode vor seinem Bett auf und sagte ruhig: »Gott, jetzt kannst du mich zu dir nehmen, ich bin bereit.« Er streichelte mein Gesicht, als wolle er die Tränen wegwischen, doch seine Hand fiel kraftlos zurück. Er starb mit 87 Jahren und vertraute die Ländereien seinem Sohn Tonino an.

An all das dachte ich an jenem Morgen, doch ich dachte auch an die vielen Drohungen und die Attentate, die man seit dreißig Jahren gegen uns verübte, und ich dachte an meinen Bruder, der immer in Gefahr war, weil er mittlerweile das einzige Hindernis für die Mafia von Castellace darstellte. Die aber konnte sich nicht leisten, daß dieses Hindernis weiterlebte, herrschte sie doch ansonsten bereits ungestört. Das war mir völlig klar. Die Mafia brauchte diese Ländereien nur zur Stärkung ihres Prestiges. Waren die Olivenplantagen von Castellace erst einmal alle mafioser Besitz, würde sich niemand mehr der mächtigen Familie zu widersetzen getrauen, die das politische und wirtschaftliche Leben dieses Gebietes kontrolliert. Alle haben sich der Mafia unterworfen, nur der Baron Mimì hat sich keinem einzigen Einschüchterungsversuch gebeugt, und nun hat sein Sohn Tonino geschworen, den Weg weiterzugehen, den sein Vater eingeschlagen hatte. Die Geräusche auf der Straße und das Licht, das durch die Ritzen der mit der Zeit kaputtgegangenen Rolläden grell hereindrang, ließen auf etwa sieben Uhr schließen. Ich schaute auf die Uhr, die Zeiger wiesen auf Viertel vor Sieben. Ich stand auf. Bevor ich in das Antiquitätengeschäft ging, wollte ich noch zur Kirche. Tonino und ich haben die Novena bei der Madonna del Carmine begonnen. Im Morgenmantel ging ich in die Küche: zuerst das Frühstück bereiten, dann meinen Bruder aufwecken. Doch das war nicht notwendig, der Kaffeeduft lockte Tonino bereits in die Küche.

Wir begrüßten uns wie jeden Morgen lieb, fragten einander dann am Küchentisch, wie die Nacht war. Ich suchte Tonino zu überreden, nach dem Kirchgang ans Meer zu fahren, da er doch so gerne badete, schwamm und in der Sonne lag. Er gab nach, zog unter die Hosen die Badehose an – doch er wußte, daß er nicht ans Meer fahren würde. Seit wiederholt Männer mit bösartigen Gesichtern ins Geschäft gekommen sind und nachgefragt haben, ob man hier Särge verkaufe, oder sich erkundigt haben, ob wir beide zusammen oder getrennt begraben werden wollten, ließ Tonino mich nicht mehr alleine im Geschäft. Auch er selbst hielt sich vorsichtigerweise nicht mehr an den zwar sonnigen, aber weitgehend menschenleeren Stränden des Ionischen Meeres auf. Der letzte Anschlag war erst ein paar Monate her.

Wir waren nun fertig zum Kirchgang. Wie üblich öffnete Tonino das Tor, ich wollte es schließen, sobald er den BMW auf die Straße gefahren hatte, und dann einsteigen. Ein Auto, das vor dem Tor parkte, verhinderte jedoch die Ausfahrt; es handelte sich um den Kleinwagen der Verkäuferin von nebenan. Tonino bat sie, den Wagen wegzufahren. Es dauerte einige Zeit, weil das Fahrzeug nicht ansprang, dann aber war die Ausfahrt frei, und Tonino fuhr über die Schwelle. In diesem Moment beugt sich ein junger Mann über den Kofferraum, so als wäre er angefahren worden; mehrere Schüsse fallen.

10. Juli 1991, 9 Uhr 30. Tonino Cordopatri konnte mich nicht

zur Novena in der Kirche Madonna del Carmine bringen, er würde mich nie mehr irgendwohin bringen können.

Die Nachricht vom Mord an Baron Cordopatri direkt vor seiner Toreinfahrt verbreitete sich schnell in der ganzen Stadt. Passanten hielten den Killer zunächst für einen Straßenräuber – nur deshalb haben ihn mehrere Menschen verfolgt. Auch ich verfolgte ihn ein Stück weit, laut schreiend: »Haltet ihn, haltet ihn, er hat geschossen.«

Die Straßen an den Seitenflügeln des Palazzo Cordopatri wurden für Autos gesperrt; die Carabinieri leiteten den Verkehr über den Corso Garibaldi um. Tonino lag auf dem Autositz in einer großen Blutlache. Der Killer, Salvatore Larosa, wurde nahe der Tankstelle an der Piazza De Nava verhaftet.

Die ersten Tage nach dem Tod meines Bruders war ich überwältigt von Schmerz, Wut und Verzweiflung. Wer immer mich zu trösten versuchte, erhielt die Antwort:

»Tonino hätte gerettet werden können, wenn die Polizei besser aufgepaßt hätte.«

Ich sagte das zu mir selbst, aber ich sagte es auch den Ordnungshütern, die mich zur Zusammenarbeit aufforderten. Doch mein Leben war zu Ende, Tonino in seinem Sarg hat auch meine Zukunft mitgenommen. Ich war nun allein, ein Leben ohne Tonino konnte ich mir nicht vorstellen. Die Mafia hat Tonino genau so umgebracht, wie sie es seit dreißig Jahren angedroht hatte: vor dem Tor des Palazzo.

»Wir haben doch immer darüber gesprochen, doch niemand hat uns zuhören wollen. Niemand.«

Ich blickte auf die Verletzung an meinem Handrücken und lächelte bitter:

»Ach, die Verletzung! Das ist die Verbrennung von der Pistole, die Ladehemmung hatte; sonst wäre ich nun bei Tonino und bei meiner ganzen Familie. Nun aber bin ich hier, alleine auf dieser Erde, ohne Grund. Ich habe keine Lust mehr zu leben.«

Doktor Pedone bat mich, zur Carabinieristation zu kommen und den Killer zu identifizieren. Ich solle mit ihm zusammenarbeiten.

Tonino wurde weggebracht, blutbeschmiert, eingeschlossen in einen Sarg. Ich fragte mich, wozu unter diesen Umständen die

Zusammenarbeit mit der Justiz nützen sollte. Die Cordopatri hatten das doch dreißig Jahre lang versucht, aber niemand hatte ihnen Gehör schenken wollen; eine Zusammenarbeit jetzt würde auch nichts mehr nützen, davon käme mein Bruder nicht zurück.

In meinem Inneren gab es nur das Gefühl von Schmerz, Wut, Verzweiflung. Sie haben meinen Bruder ermordet, die Schuld hat die Mafia, aber auch der Staat. Es wurde meine Standardantwort an alle, die mich um Zusammenarbeit baten. Tonino ist tot. Nun ist doch alles zu Ende! In mir war nur noch Leere. Wie eine Tote lag ich in dem Sessel, in dem ich zwanzig Jahre lang meinen Vater aufgemuntert und sein Leben dennoch Tag für Tag verblassen gesehen hatte. Irgendwie war mir, als würde eine geheimnisvolle Regie langsam die wichtigsten Ereignisse meines Lebens an mir vorbeiziehen lassen. Immer diese Olivenbäume! Verdammte Olivenbäume! Seit jeher hatte ich gefühlt, daß diese Erde nur Unheil bringt. So ist es denn auch gekommen! Sie haben meinem Tonino den Tod gebracht.

Als wir das erstemal nach Castellace kamen, war Tonino noch klein, er wurde noch gestillt. Wenn er hungrig war, hat er geweint. Mutter ging dann mit ihm ins Schlafzimmer, und er hörte erst auf zu schreien, wenn die Brustwarze seinen Mund mit Milch füllte. Die Erinnerung daran, wie sich mein Brüderlein beim Stillen beruhigte, hatte für mich etwas Magisches. Ich blieb bei meiner Mutter und streichelte das Köpfchen des Kleinen. Ein unvergessenes Ritual.

Mein Bruder war auch mein Lieblingsspielzeug. Mutter erlaubte mir, ihn in den Armen zu halten, ihn an sonnigen Tagen mit dem Kinderwagen auf den Platz vor der Garage zu fahren. Tonino war meine Puppe, das Spielzeug für die langen Winterabende in Castellace. Die Kinderlieder, die man mir vorgesungen hatte, sang nun ich für Tonino; seit er zu verstehen begann, erzählte ich ihm auch die Märchen, die mir unsere Großmutter in Nicastro vor dem Gutenachtkuß erzählt hatte. Dabei schmuggelte ich in die Geschichten immer ein kleines Kind mit schwarzen Augen hinein, das »Wattebäuschchen« hieß und das dann größer, dicker und sehr stark wurde und die Schwester vor den Hinterhalten der Waldgeister bewahrte. Als Tonino laufen gelernt hatte, begleitete ich ihn auf seinen ersten Erkundungen im Olivenhain. Ich und Tonino!

Später wurde Tonino mein Kamerad, der einzige, mit dem ich mich auch dann noch in den Olivenhain getraute, wenn die Schatten bereits drohende Figuren zwischen den Silhouetten der Bäume zeichneten.

Als Mutter starb, war Tonino gerade so alt, daß er sein eigenes Leben begann; da war es dann wieder ich, die ihn lenkte, die seine Sachen in Ordnung hielt, die ihm seine Lieblingsspeisen kochte. Tonino, das Püppchen meiner frühen Kindheit, mein Spielkamerad, wurde nun zu einer Art Sohn für mich. Später, bei den ersten grauen Haaren, kehrten sich die Verhältnisse um: Nun bot Tonino mir Hilfe und Trost. Sah er mich niedergeschlagen, zwang er mich auszugehen und etwas für mich zu tun. Er schenkte mir Seidenblusen, Schneiderkostüme und plante für mich Reisen weit weg von diesem Palazzo, der längst viel zu traurig und still geworden war.

Nach dem Tod unseres Vaters wurde Tonino zum Herrn des Hauses. Ich hörte nur auf ihn, hatte nur zu ihm Vertrauen. Tonino war meine Welt.

Jene Welt, die nun drei Pistolenschüsse urplötzlich zerstört hatten. Alles war nur noch ein schmerzhafter Alptraum! Ich kauerte noch immer in diesem Sessel: Mir war klar, daß ich nun allein war und tief innen tot. Meine Gedanken kreisten nur noch um Schmerz und Tod. Man sagte mir, daß der Killer morgen aus der Haft entlassen würde, wenn ich nicht zu seiner Identifizierung in die Carabinieristation ginge.

Mein Bruder war gestorben, weil er sich der Mafia entgegengestellt hatte; ich konnte also nicht zulassen, daß der Killer freigelassen wurde. Eine Cordopatri kennt ihre Pflicht, auch wenn der Schmerz das Herz zerreißt.

Ich ging in die Carabinieristation und identifizierte den Killer, der meinen Bruder getötet hatte. Dann kehrte ich, zum ersten Male allein, ins Haus zurück, wo es keinen Tonino mehr gab.

Da war allerdings noch immer der Geruch des Parfums von Tonino, der Lavendel, den wir gemeinsam durch Einlegen von Jasmin-, Gardenien- und Magnolienblüten in Alkohol angesetzt und dann durch Zugabe von unserer beider Lieblingsparfum,

Chanel Nr. 5, verfeinert hatten. Die Zubereitung eines guten Parfums hatte uns Vater einst beigebracht: Gewöhnlich hatte er es so angesetzt, daß es zu Weihnachten fertig war und jedes Familienmitglied neben den anderen Geschenken auch ein Fläschchen Lavendel bei seinen Gaben fand. Der Geruch des Parfums war so gut, daß meine Klassenkameradinnen im Stift fragten, wo man das denn zu kaufen bekomme.

Auf der Kommode im Zimmer Toninos stand noch immer das Fläschchen, das er gerade angebrochen hatte. Wie ja auch sonst alles so geblieben war, wie er es verlassen hatte, selbst die Hose lag noch auf dem Stuhl. Ich würde dieses Zimmer niemals aufräumen, weil ich immer noch dem Gedanken nachhing, mein Bruder werde plötzlich doch zurückkehren und dann selbst seine Sachen aufräumen. Ich redete mit mir selbst, aber ich wußte natürlich, welch unmögliche Geschichte ich mir da einbildete. Dann brach ich in Weinen aus. Ich betrachtete zärtlich die Wände des Zimmers und schluchzte leise:

»Ich kann diese Wohnung niemals verlassen! Ich habe alles verloren, habe nur noch Erinnerungen und Schmerz. Nur diese Mauern lindern die Verzweiflung wenigstens etwas. Wenn ich ganz still bin, höre ich noch immer die Schritte meines Bruders auf dem Flur! Wie könnte ich die Wohnung Toninos verlassen, das Haus meiner Eltern! Es wäre wie ein Verrat. Hoffen wir, daß wir es eines Tages wieder herrichten können!«

Weinend ging ich durch das große Haus, streichelte all die Dinge, die meinem Bruder etwas bedeutet hatten, fragte mich, warum ich an jenem Morgen nicht neben ihm hatte sterben dürfen oder, besser noch, an seiner Stelle. Warum saß ich nun verzweifelt und alleine am großen Tisch des Speisezimmers, an dem alle anderen Plätze leer waren? Mit wem sollte ich frühstücken? Mit wem zusammen noch lachen? Ohne Tonino würde mein Leben leer sein. Am Abend, wenn das Tor verriegelt war, hatten wir uns glücklich und sicher gefühlt, gelacht über alles, selbst über unsere Probleme. Tonino hatte viel Sinn für Humor, war fröhlich und hoffte, daß die Probleme mit der Mafia irgendwann aufhören würden und auch uns ein normaler Alltag gegönnt sein würde: Er war stets viel optimistischer als ich. Nach all den Anzeigen gegen die Mafia, die wir in Reggio Calabria und, für Castellace, in Gioia

Tauro erstattet hatten, meinte er ironisch, werde sich irgendwann doch ein Carabiniere der Sache annehmen, und sei es auch nur aus Versehen; und dann würde ganz sicher alles anders werden.

Ja, die Dinge haben sich geändert. Aber nur für uns: Mein Bruder war tot, und sie hatten ihn umgebracht.

Zu Hause hatten wir uns immer Kosenamen gegeben. An diesem 10. Juli hatte Tonino mich während des Frühstücks »Kätzchen« genannt, was mich etwas überrascht hatte: Sobald die große Hitze vorbei sein würde, sagte er, wollten wir zusammen verreisen, das Ziel dafür sollte ich aussuchen.

Wir hatten füreinander gelebt; zusammen waren wir glücklich. Tonino hatte sich verliebt, doch er wollte mich nicht alleine lassen: Er hoffte, das Haus renovieren und mit seiner Gefährtin das kleine Appartement belegen zu können, das zur Via D'Annunzio hinausgeht. Die Gefährtin Toninos war eine sympathische Frau, mit der ich mich sofort gut verstanden hatte. Kam sie nach Reggio Calabria, wohnte sie bei uns, am Morgen tranken wir zu dritt in der Küche Kaffee. Cristina liebte Tonino schon seit längerer Zeit; er hatte sie mit seinem magnolienfarbenen Gesicht und seiner Lebenslust betört. Ich freute mich sehr über die Idee meines Bruders, hier zu dritt im Palazzo der Familie zu wohnen. Wir schmiedeten allerlei Pläne: Die bisher verschlossenen Zimmer sollten wieder wohnlich gemacht werden, die Tücher von den Sofas verschwinden. Zudem würde Cristinas Heiterkeit auch uns anstecken.

Der Vorschlag Toninos, Cristina zu uns zu holen, erschien mir wie ein Fenster, das sich unversehens in einem dunklen Zimmer öffnet und Licht und Wärme hereinläßt. Wir überlegten, wie man das Apartment herrichten könnte; ich versprach als Geschenk das Ehebett unserer Eltern und das vergoldete Wohnzimmer, das Cristina so gefiel. Ein paar Tage vor dem 10. Juli beschlossen Tonino und ich, Cristina einen Edelstein aus dem Familienbesitz zu schenken. Den werde ich ihr auch jetzt noch geben; meinem Bruder wäre das sicher recht. Dieses Gefühl war mir sehr wichtig, diese feste Zuneigung zu Cristina.

Cristina wußte alles über das Leben Toninos – mit Ausnahme der Vorfälle um unsere Ländereien, über die ihr Gefährte nur in einer Weise sprach, daß sie kaum etwas verstehen konnte: Ihr

Leben sollte nicht auch noch in Gefahr geraten. Tonino hatte in letzter Zeit sogar Angst davor gehabt, das Zusammenleben mit seiner Gefährtin in Reggio bekannt werden zu lassen: Er wollte der Mafia nicht noch einen weiteren Ansatzpunkt bieten, mit dem man ihn zur Abgabe seiner Ländereien zwingen konnte.

Wieder empfand ich jenes unheilvolle Schicksal, das auf unserer Familie lastete: Uns war keine Zukunft gegönnt, keine Freude. Wie schwer war es schon damals für mich gewesen, als ich, kaum zwanzigjährig, auf den Auszug aus Reggio und den Abschluß meiner Studien in England verzichten mußte. Auch damals stand der Tod im Weg: Meine Mutter starb und hinterließ mir die Führung des Haushalts. Nun aber war ich ganz allein: Welchen Grund zum Weiterleben hatte ich überhaupt noch? Welchen Sinn hatte mein Leben in diesem Haus, in dem jeder Gegenstand eine schmerzvolle Erinnerung bedeutete?

Doch konnte ich auch nicht zulassen, daß sich die Mafia der Ländereien der Cordopatri bemächtigt. Ich mußte der gesamten Öffentlichkeit den Filz der Gesellschaft Reggios mit der Mafia bekanntmachen. Dieser Filz hatte es der Mafia von Gioia Tauro ermöglicht, dreißig Jahre lang die Erträge der Ländereien in Castellace einzustreichen und dann meinen Bruder mit dem Tod zu bestrafen, weil er sich ihren Forderungen entgegengestellt hatte.

Diese Gedanken befielen mich, bemächtigten sich meines Gewissens wie eine Flutwelle in einem ansonsten stets ruhigen Meer. Ich hatte eine Aufgabe zu erfüllen. Meine Familie hatte mir eine letzte Pflicht übertragen; die mußte ich einlösen, bevor ich zur letzten Ruhe gehen würde.

Einst hatte mein Vater dieses Land von Castellace verteidigt, ein kleiner Teil nur noch jenes alten Lehens, das unsere Vorfahren aufgrund ihrer mutigen Taten erhalten hatten; dann hatte mein Bruder die Aufgabe übernommen, um den Preis seines eigenen Lebens. Nun, da Tonino nicht mehr war, mußte ich selbst den Schwur, den wir unserem Vater an seinem Sterbebett geleistet hatten, einlösen. Ich würde die Ländereien gegen die Mafia verteidigen. Es war der einzige Grund zum Weiterleben für mich. Ich versprach es meinem Bruder und meinen verstorbenen Familienmitgliedern mit erhobener Stimme, als ich alleine durch die menschenleeren Zimmer strich. Ihre Worte hallten wider von den Wänden dieses Hauses mit den hohen, von der Zeit zerfressenen Giebeln – wie ein feierlicher Schwur aus der Antike.

Meine Augen waren nun ohne Tränen.

Ich hatte das Bedürfnis, bei meinen Lieben zu sein, doch da ist niemand mehr; geblieben waren nur noch einige Fotoalben. Ich setzte mich damit an den Ebenholzschreibtisch, der drei Generationen meiner Familie gedient hat, und nahm eines der Alben heraus. Wie eine Reliquie hielt ich es in den Händen, öffnete es und blickte auf das erste Bild.

Das Haus der Cordopatri in Reggio Calabria

Francesco Saverio Rizio Cordopatri dei Capece

Antonio Carlo Rizio Cordopatri dei Capece

3

Fotos und Briefe der Cordopatri

Das erste Foto, das ich in die Hand nahm, zeigte meinen Vater in der Uniform eines Artillerieoffiziers mit Tonino auf dem Arm. Meine Gedanken richteten sich bei diesem Bild weit zurück in die Vergangenheit, zu einem für mich überaus denkwürdigen Tag: Vater hatte mir, bevor er sich für den Krieg nach Albanien einschiffte, als seinem ältesten Kind die Abschrift seines Testamentes übergeben. Ich erinnerte mich bewegt an die Feierlichkeit, mit der dies geschah.

Wir befanden uns damals in Nicostra im Hause der Großeltern mütterlicherseits. Ich spielte gerade mit meinen Kusinen, als die Gouvernante kam und mir sagte, daß der Baron mich in seinem Arbeitszimmer erwarte. Ich legte meine Puppe auf den Boden und lief zu Vater. Die Tür zum Arbeitszimmer war zu, ich klopfte, Vater hieß mich eintreten, kam mir entgegen, küßte mich und drückte mich an sich, streichelte über meine Haare. Auf dem schwarzen Ledersofa saß auch Mutter; sie machte ein trauriges Gesicht, und da bemerkte ich, daß auch Vater traurig dreinschaute. Zuerst dachte ich, familiär sei etwas Schlimmes geschehen. Mutter erhob sich vom Sofa, kam zu mir. »Mein schönes Kindchen«, sagte sie, legte mir die Zöpfe zurecht und küßte mich auf die Stirn. Dann nahm sie die Hand ihres Mannes, und beide zusammen erklärten mir dann, daß Vater in einigen Tagen in den Krieg ziehen werde. Die Mutter weinte, und Vater begann zu sprechen. Es sei möglich, daß er nicht zurückkehre, dann müsse Mutter seinen Platz einnehmen und sich um unser aller Wohl kümmern, auch um die Ländereien. Während der Olivenernte, wenn die Familie auf dem Lande wohnte, würde sie von zwei vertrauenswürdigen Aufsehern beschützt. Mutter wiederholte währenddessen unentwegt: »Mimì, lieber Mimì, was machen wir nur ohne dich!« Vater bat Mutter herzlich, sich zu beruhigen, und fuhr dann fort: Eigentlich dürfe er seiner Gesundheit wegen gar nicht in den Krieg ziehen, doch ein Cordopatri entziehe sich seiner Pflicht niemals, also würde er fahren. Er hoffe, daß er zurückkomme, aber falls nicht, stehe in dem eigenhändig geschriebenen Testament sein Letzter Wille. Die Ländereien sollten zu gleichen Teilen unter seine Jungen aufgeteilt werden, an mich sollten die Wohnungen und die leichter zu verwaltenden Güter fallen. Er streichelte meine Zöpfe: Ich solle mich immer klug und würdig verhalten und auch ein Vorbild für meine kleinen Brüder sein.

Während der Zeit seines Einsatzes im Krieg sollte ich weniger Zeit zum Spielen verwenden, denn meine Hauptaufgabe neben dem Studieren werde es sein, Mutter zur Seite zu stehen. Und am Abend, ermahnte er mich, sollte ich das Beten nicht vergessen. Dann übergab er mir das handgeschriebene Testament, küßte mich erneut und riet mir, es sicher in einer der Schreibtischschubladen in meinem Zimmer aufzubewahren. Und nun könne ich zurück zum Spielen. Ich lief in mein Zimmer, versteckte das Testament ganz unten in einer Schublade und vergaß bei alledem meine Puppe im Garten.

Zu diesem Zeitpunkt war ich erst neun Jahre alt. Doch ich hatte die Sensibilität von Kindern, die immer mit erwachsenen Menschen zusammen sind, und war daher an ein problembelasteteres Leben gewöhnt, als es meinem Alter entsprach. So erfühlte ich, daß da irgend etwas die Unbeschwertheit meiner kindlichen Spiele unwiederbringlich zerstört hatte. Noch wußte ich nicht, was das Wort Krieg bedeutet, doch ich hatte Mutter weinen gesehen und das ernste, sorgenvolle Gesicht meines Vaters dazu. Die Lust zum Spielen war mir vergangen. Vater hatte mir gesagt, daß ich während seiner Abwesenheit Verantwortung zu tragen hatte. Da erkannte ich, damals schon mit einer gewissen Bitterkeit, daß meine Entscheidungen fortan vor allem von der Verantwortlichkeit der Familie gegenüber geprägt sein würden.

Heute ist mir bewußt, daß mein ganzes Leben eine Abfolge von wenigen Freuden und viel Schmerz war. Meine Mutter hatte dieses schwierige Schicksal übrigens seit meiner Geburt vorausgesehen: Sie gestand es mir, als ich knapp zwanzig Jahre alt war, in einem Moment großer wirtschaftlicher Schwierigkeiten infolge des wachsenden Drucks der Mafia auf unsere Ländereien in Castellace.

Geboren wurde ich an einem Samstagnachmittag in der Wohnung meiner Großeltern in Nicastro, am Tag vor einem großen kirchlichen Fest. Es war eine schwierige, schmerzhafte Geburt; die Wehen hatten schon einen Tag zuvor eingesetzt, doch das erste Kind des Barons Domenico hatte offenbar keine Lust, auf die Welt zu kommen. Man fürchtete um das Leben von Mutter und Kind. Baronin Teresa, unsere Großmutter, betete zusammen mit ihren Kindern Franca und Rachele sowie dem gesamten Gesinde gemeinsam mit meiner Mutter um einen guten Ausgang der Geburt. Die Männer leisteten im grünen Musikzimmer dem mitleidenden Ehemann Gesellschaft. Gegen sechzehn Uhr kam ich dann als Teresa Maria Rosaria Carmen Rachele Cordopatri dei Capece zur Welt. Während der Geburt wurden auf dem Kirchplatz vor dem Baronspalast gerade die Böller zu Ehren der Madonna des Rosenkranzes abgefeuert, und die Leute im Palazzo deuteten dies als gutes Vorzeichen für mein Leben. Mutter aber war ohne allen erkennbaren Grund sehr deprimiert. Sie schaute durchs Fenster hinaus und dachte, dieses Kind wird wohl ein schwieriges Leben haben.

Die Zeitungen widmeten der Nachricht von der Geburt der ersten Tochter der Familie Cordopatri dei Capece viel Raum: das Kind sei rundherum ein Adelssprößling. Die Taufe wurde zum gesellschaftlichen Ereignis; im Palazzo des Barons und Abgeordneten Carlo Ippolito, meines Großvaters, trafen Adelige und Politiker aus ganz Italien ein. In allen dreißig Räumen des Palastes aus dem 15. Jahrhundert und im zweitausend Quadratmeter großen Innenhof mit seinen wertvollen Obst- und Zierbäumen liefen die Vorbereitungen zur Aufnahme der Gäste.

Am Tag der Taufe waren die Straße vor dem Palazzo und die Seitenwege voll besetzt von den Autos der geladenen Gäste, gesteuert wurden die Karossen alle von livrierten Chauffeuren. Die Menschen aus Nicastro traten auf die Straßen und guckten sich die bedeutenden Menschen an, die da in den Palazzo hineinströmten, und bewunderten die eleganten Toiletten der Damen. Auch die Bischöfe und Präfekten der drei umliegenden Provinzen waren zur Taufe der Baroneß Teresa Maria eingeladen.

Getauft wurde ich dann vom Bischof von Nicastro am späten Nachmittag in der Familienkapelle. Diese war mit Blumen aus dem Innenhof des Palastes geschmückt worden. Nach der Taufzeremonie gab es ein reichhaltiges Abendessen, zubereitet in der Küche des Palastes. Unsere Ländereien brachten ja alles hervor, was man benötigte, selbst Reis und Zucker. Großmutter Teresa sorgte zusammen mit ihren drei Töchtern, Isabella, Franca und Rachele, für den Tischschmuck und richtete die Tafel mit wertvollen alten Spitzentüchern und Silbergedecken aus dem 18. Jahrhundert her.

Zu Ehren seiner Erstgeborenen kredenzte Baron Cordopatri seinen Gästen den in ganz Kalabrien berühmten Champagner aus seinen eigenen Trauben; am Ende erhielten alle beim Abschied auch noch ein Geschenk. Den Herren überreichte meine Mutter eine Flasche Champagner, Vater gab den Damen kleine Fläschchen mit Parfum, die er eigens aus Venedig hatte kommen lassen und die das Wappen der Cordopatri dei Capece trugen. Auch die Bonbonnieren kamen aus Venedig, blaue Kristallschalen mit einem Deckel darauf; der Teller darunter und die Halteklammern waren aus fein ziseliertem Silber.

Bei ihrer Ankunft wurden die Gäste vom Majordomus angekündigt; begrüßt wurden sie vom Rechtsanwalt und Abgeordneten Baron Carlo d'Ippolito di Sant'Ippolito und seiner Gemahlin Baronin Teresa, meinen Großeltern also, sowie ihrer Tochter, Baronin Isabella, und ihrem Schwiegersohn, Baron Dr. Cordopatri dei Capece, meinen Eltern.

Das Geschlecht der d'Ippolito ist in Kalabrien besonders angesehen. Baron Carlo vereinte das Prestige des Namens mit großen politischen Fähigkeiten, außerdem war er ein hochgebildeter Rechtsanwalt. Die Politik hatte in dieser Familie Tradition: Unter den Vorfahren der d'Ippolito gab es Botschafter und Minister mit Kabinettrang. Im Arbeitszimmer des Barons Carlo befanden sich diverse Gegenstände, die von diesem doppelten Ansehen des Namens d'Ippolito zeugten. So etwa eine goldene Tabakdose mit einem edelsteinbesetzten Deckel, den der französische Kaiser Josef einem der d'Ippolito nach der erfolgreichen Erledigung einer diplomatischen Mission zwischen dem regierenden Königshaus Italiens und dem der Habsburger geschenkt hatte.

Durch die Verschwägerung mit den traditionsreichen Cordopatri am 26. September 1931 hatten die d'Ippolito eine der ältesten Adelsfamilien Italiens nach Nicastro gebracht.

Ich erhielt wunderbare, wertvolle Geschenke. Die Großmutter mütterlicherseits schenkte mir einen Satz auf Gelbgold aufgebrachter Kameen; Großvater Carlo dachte bereits an die Mitgift seiner Enkelin und hinterlegte eine große Summe Geldes. Die Großmutter väterlicherseits, Rosina, schenkte mir ein Perlenkollier sowie ein goldenes Kleeblatt, das einst ihrer Urgroßmutter, der Fürstin Ruffo von Kalabrien, gehört hatte.

Die Tauffeier war wunderbar. Die großen Spiegel in den Salons erstrahlten von den Bildern eleganter Damen in langen Kleidern und mit wertvollem Schmuck; begleitet wurden sie von gutaussehenden Herren im Smoking. Die fünfzig Lampen des Kristalleuchters aus Böhmen erhellten die reich gedeckten Tafeln und ließen die Silber- und Kristallgedecke funkeln. Ein Fest voller Freude und Reichtum, so schien es. Für die Mutter, dachten alle, müsse dies das höchste Glück bedeuten.

Doch das stimmte nicht. Zum zweitenmal nach der Geburt hatte meine Mutter traurige Vorahnungen: Ihr kleines Töchterlein, das da so gefeiert und mit Edelsteinen überhäuft wurde, würde ein schwieriges Leben haben, davon war sie überzeugt. Sie versuchte, diese unheilvollen Gedanken zu verdrängen, und schob sie auf ihren Ärger über die verspätete Lieferung der Wiege.

Die Eltern wollten nämlich für ihre Erstgeborene eine wunderschöne Wiege aus Messing haben. Sie hatten sie ausgewählt und bestellt, schon einen Monat vor der Geburt hätte sie aus Florenz geliefert werden sollen. Doch aufgrund unerforschlicher Zwischenfälle kam sie erst nach der Taufe an. All die Edelsteine, dachte die Mutter, braucht das Kind doch überhaupt nicht; was es bräuchte, wäre die Wiege!

Heute denke ich, daß die traurigen Vorahnungen meiner Mutter berechtigt waren. Mein Leben hat sich tatsächlich sehr schwierig gestaltet, ich hatte nie Zeit für all die Dinge, die zu einem besseren Leben gehören.

Ich blätterte weiter im Fotoalbum und verhielt bei einem Bild mit einem zweigeschossigem Haus und kleinen Eisenbalkonen: unser Landhaus zwischen den Olivenbäumen von Castellace, wohin die Familie alle zwei Jahre zur Olivenernte umzog (die Ölherstellung geschieht nur alle zwei Jahre). Aus unserer Stadtwohnung zogen wir dann für die Zeit vom November bis zum April ins Landhaus. Die Oliven beginnen im Erntejahr zwar schon im Oktober zu fallen, doch die Barone erlaubten den armen Leuten von Castellace, den gesamten Monat lang für sich zu sammeln. Nach dem Tod der Landaufseher wurde dies jedoch nicht mehr gestattet.

Mir kamen die Tränen, als ich das Foto des Landhauses betrachtete und mich die Erinnerungen überfielen. Einmal purzelte Tonino, als er kaum gehen gelernt hatte, die ganze Treppe hinunter, als er Vater entgegenlaufen wollte. Alle dachten, er habe sich sehr weh getan, doch als ihn Vater in die Arme nahm, war nicht einmal der leiseste Kratzer zu erkennen. Mutter glaubte an ein Wunder des San Francesco, den sie in ihrer Not angerufen hatte; seither opferte die Familie für die erhaltene Gnade jedes Jahr eine bestimmte Menge Öl in der Basilika von Paola. Meine Eltern waren sehr religiös; die Bilder und Statuen der Heiligen, die sie besonders verehrten, San Francesco und die Madonna del Carmine, waren in den Nischen der Außenmauern unseres Hauses angebracht.

Ein weiteres Foto zeigte meine beiden Brüder in Arbeitskleidung: Es erinnerte mich an die zahlreichen Repressalien der Mafia. Um unseren Vater zum Veräußern der Ländereien zu zwingen, verbot die Mafia in einem Jahr den Arbeitern das Olivenpressen. Das war eine überaus schwierige Situation, wir liefen Gefahr, alles zu verlieren. Doch da zeigte sich erneut der besondere Charakter der Cordopatri: Glaube an Gott, Entschlossenheit und Mut halfen, die Schwierigkeiten zu überwinden. Franco und Tonino zogen sich zusammen mit Vater Arbeitskleidung über und machten sich ans Olivenpressen. Ich half auch mit, kippte die Oliven in die Mühlen. Eine harte Zeit, doch Vater sagte: »Man darf nicht nachgeben.« Und so arbeitete die gesamte Familie bei der Ölherstellung mit, bis Vater neue Arbeiter fand, die die Produktion in dem Jahr zu Ende führten.

Die Monate in Castellace waren für uns alle beschwerlich und zogen sich ziemlich hin. Mutter und ich verbrachten unsere Tage mit dem Haushalt. Nachmittags widmete ich mich meinen Schularbeiten, Mutter saß dabei und stickte oder las. Vater führte den Betrieb; meine Brüder halfen ihm, wenn sie aus dem Gymnasium kamen. Manchmal schaute am Abend der Carabinieri-Feldwebel zum Kartenspielen mit Vater vorbei. Zum Abschluß der Ölproduktion zelebrierte der Bischof als Gast unserer Familie eine Messe auf dem kleinen Platz vor der Garage. Daran nahmen die Olivensammlerinnen, die Aufseher und die ganze Familie teil. Danach feierten alle zusammen. Der Bischof blieb zum Essen bei uns.

An diesem Tag gab es traditionsgemäß gebackene Nudeln, eine Spezialität der Küche aus dem Hause der Barone d'Ippolito. Die hatten auch dem Gioacchino Murat (1808–15 König von Neapel) geschmeckt, der einst Gast unserer Vorfahren im Palazzo von Nicastro gewesen war. Auch Gabriele d'Annunzio fand Gefallen daran: Er war seit seinerzeit an der Universität eng mit dem Ingenieur Ottorino, dem Bruder unseres Vaters, befreundet und teilte mit ihm seine Liebe zur Kunst und zu edlen Hunden und Pferden. Bei diesen Anlässen pflegte der Dichter dann zu sagen: Außer der Freundschaft zu den Baronen Cordopatri führten ihn nur zwei andere Verlockungen nach Reggio Calabria: die Pasta al forno der Baroneß Rosina und die Via Marina.

Die einzige Erholung in diesen Monaten auf dem Land waren die langen Spaziergänge, die unsere Familie täglich im Olivenhain unternahm. Vater kannte jeden einzelnen Baum. Er liebte sie alle regelrecht, wie er auch seine Ländereien liebte. Es wäre schön, sagte er, wenn er einst unter einem Olivenbaum begraben würde. Oft wiederholte er auch das chinesische Sprichwort: Wer einen Baum pflanzt, stirbt nie. Im Frühling blieb er lange vor den Kirschbäumen stehen und betrachtete voller Freude ihre Blüte. Wenn die Früchte reif waren, schenkte er die ersten davon dem Waisenhaus S. Antonio von Reggio Calabria.

Die Olivenbäume waren schon mehr als hundert Jahre alt. Vater sagte, daß sie »eine Seele« besäßen. Auf seinen Wegen durch den Hain achtete er unentwegt darauf, ob nicht einer seiner Bäume von einer Krankheit befallen war; wenn das der Fall war, sorgte er kundig und voller Liebe für ihn: Er war der fleißigste und fähigste Bauer auf seinem Land, der aufmerksamste Aufseher über seine Olivenbäume.

Nach und nach gelang es ihm, seine Liebe zum Land in Castellace auch auf seine Kinder zu übertragen. Als die Jungen noch klein waren, nahm er sie auf die Rundgänge unter den Bäumen mit; Tonino hielt er an der Hand, mit dem Arm die Schulter Francescos, des größeren. Während des Spazierganges zeigte er uns Kindern, wie man die Pflanzen an den Farben und ihrer Blätterform erkennt, lehrte uns, welche man davon essen kann, und beschrieb uns ihre Eigenheiten. »Die Erde gibt den Menschen alle Güter«, sagte er dabei oft, »man muß sie nur lieben, pflegen und respektieren.«

Oft marschierten wir hinunter zum Boscaino-Fluß und kehrten erst zurück, wenn das Licht schon fahl wurde; den Kleineren trug Vater dann auf dem Arm. Mutter wartete dann stets schon auf dem Balkon auf »meine Hausherren«. Lächeln, Umarmungen. Auf dem Tisch wartete eine Brotzeit; Freude allerseits. Vater forderte mich immer wieder auf, doch mal auf die Spaziergänge mitzukommen, doch ich blieb meist lieber zu Hause bei der Mutter.

Seit ich versprochen hatte, dieses Land zu lieben, sagte ich zwar nicht mehr »Das ist ein schlimmer Ort«; doch ich konnte auch nicht verdrängen, daß mir die großen Bäume Angst einjagten. Bewegte der Wind die Zweige, klang es wie schmerzhaftes Stöhnen. Immerhin wußte auch ich, wie meine Brüder, mittlerweile alles über die Bäume und ihre Blüte, über die Pflanzen und ihre Heilkraft. Vater hatte mir das an den langen Winterabenden beigebracht: Er überlieferte uns Kindern all sein Wissen über die Erde und über dieses Land. Die Olivenbäume von Castellace waren das wertvollste Gut, das wir besaßen; aus ihnen sollten wir Kraft, Ruhe, Wohlstand beziehen.

Vater war glücklich zwischen seinen Olivenbäumen und mit seiner Familie. Als die örtlichen Mafiosi zwecks Einschüchterung Bäume absägten oder beschädigten, sagte er nur traurig zu Mutter: »Liebe Isabella, es reicht nicht mehr, daß wir die Bäume vor Krankheit bewahren, jetzt muß man sie auch noch vor der Mafia schützen.« Vom Balkon seines Arbeitszimmers aus blickte er dann gewöhnlich über die Wipfel seiner Bäume hinweg: Das linderte den Schmerz seiner Seele.

Er schaute dem schimmernden Spiel der Olivenblätter zu; es

zog sich vom Haus zur Straße hinaus und lief hoch zu den Bergen. Diese lanzenförmigen Blätter, die bei jedem Hauch flattern und ihre Farbe wechseln, beruhigten seine Seele und gaben ihr wieder Kraft. Das Meer der Blätter würde ihn vor der Mafia schützen. Er vertraute seine Familie Gott an – und seine Ländereien der Justiz. Die Bäume von Castellace hatte einer unserer Vorfahren gepflanzt, ein Cordopatri, von daher müssen die Cordopatri für immer hier bleiben. Es gab nur einen Anlaß, zu dem die Cordopatri bereit waren, ein wenig von ihrem Land abzugeben: wenn ein Mitglied der Familie gestorben war. Dann war es bei uns Brauch, der Kirche ein Stück Land zu schenken. Das hieß dann »das ewige Licht«, eine spezielle Art, den Klerus um Fürbitte für den Verstorbenen bei Gott zu bitten.

Nach dem Tod meines Bruders habe ich allerdings erfahren, daß dabei nicht immer der Wille des Spenders gewahrt wurde.

Es war spät geworden, ich riß mich los von meinen Erinnerungen, ging hinunter und verschloß das Haupttor des Riesenhauses, in dem ich nun alleine lebte. Auf meinem Gang streifte ich die Wände entlang, wie wir das gezwungenermaßen getan hatten, wenn das Auto meines Bruders in der Durchfahrt geparkt war. Ich begann wieder zu weinen: Es war, als würde ich über den Körper Toninos steigen. Eng an die Mauer gedrückt, erreichte ich das Tor; mein Schluchzen war wohl sogar noch auf der Straße zu hören.

Ich ging ins Bett, fand aber keinen Schlaf. So stand ich wieder auf, streifte erneut durchs Haus. Wieder fand ich etwas Trost, indem ich stundenlang Fotos und Erinnerungsstücke der Familie durchsah. Irgendwie fühlte ich mich wie in der Gesellschaft meiner verstorbenen Angehörigen.

Dann holte ich eine große Schachtel mit einem rotsamtenen Deckel und dem Familienwappen der Cordopatri aus dem Jahr 1240 darauf hervor. Darin lagen wohlgeordnete Briefe. Briefe meiner Familie an mich, während ich im Stift Santa Dorotea in Neapel lebte, dazu die Korrespondenz meines Vater mit wichtigen zeitgenössischen Persönlichkeiten und andere Familiendokumente. Die Umschläge und Blätter der Briefwechsel aus den verschiedenen Zeiten waren vergilbt; überraschend dabei aber war die peinliche Ordnung, mit der im Haus Cordopatri alles Schriftliche aufbewahrt wurde.

Diese Ordnung erwies sich als überaus wichtig, nun da ich den Tod meines Bruders voll und ganz aufklären wollte. Es genügte, eine der Briefschachteln zu öffnen, und schon fand sich die gesamte Dokumentation von dreißig Jahren Unrecht, das wir durch die Mafia erlitten hatten. Eingeordnet war dies alles unter dem Stichwort »Anzeigen des Domenico Cordopatri gegen die Mafia«. Ich erkannte die Handschrift meines Vaters wieder; klein und leicht nach links geneigt, einige Buchstaben verunstaltet – nach seiner 1965 erlittenen Lähmung brauchte Vater einige Zeit, bis er mit der linken Hand zu schreiben lernte.

Beim nächsten Briefbündel mußte ich leicht lächeln: Es war mit einem blauen Atlasband zusammengehalten, meiner Lieblingsfarbe; die Schreiben umfaßten die Zeit meiner Jugend; ich nannte sie scherzhaft immer »die rosa Periode meines Lebens, allerdings nicht allzu rosa«. Briefwechsel und Glückwunschkarten während meiner Ferien, von meinen Busenfreundinnen Simonetta Croce, der Baroneß Filiasi, der Komteß Stefania del Balzo, von Anna Pezzullo, Antonietta Amabile, Regina Marsella.

Ich erinnerte mich an die große Intelligenz Simonettas, den Frohsinn der Filiasi, an die Eleganz Annas, das »neapolitanische« Gehabe Antoniettas, die Schönheit Reginas und die Körpergröße Stefanellas – wir beide standen immer am Ende der Schlange, weil wir die beiden größten im Stift waren. Eine gewisse Bekanntheit erreichten wir außer unserer Größe wegen auch deshalb, weil meine Freundin hellblond war und ich schwarz mit einem kupfernen Schimmer.

Ergriffen las ich danach die Briefe meiner Brüder an mich. Sie hatten mich stets als eine Art stellvertretende Mutter betrachtet und mir ihre kleinen Geheimnisse anvertraut. Während der Ferien baten sie um Hilfe in den Fächern, in denen sie Schwierigkeiten hatten; damit sie deswegen von ihren Eltern nicht ausgeschimpft werden, ließen sich aber gleichzeitig versprechen, daß ich mit niemandem darüber sprechen würde. An anderer Stelle schrieben Franco und Tonino, daß sie mit Kameraden eine Fahrt nach Florenz gemacht und mir eine Strohtasche für den Strand gekauft hätten, die den ersten Preis auf einer Ausstellung erhalten hatte. »Liebes Schwesterchen«, steht da, »dieses Jahr hast du am Strand die schönste Tasche Italiens.«

In einem anderen Brief berichtete meine Mutter, daß die Magnolie im Garten von Nicastro in Blüte stehe, sie habe welche abgeschnitten und in mein Zimmer gestellt.

Vater wünschte mir in einem langen Schreiben alles erdenklich Gute zum Geburtstag und kündigte an, daß ich bei meiner Rückkehr ein Schmuckkästchen mit den Geschenken der gesamten Familie darin vorfinden würde. Er selbst schenkte mir einen Goldring mit dem Familienwappen darauf. Es war mein erster richtiger Schmuck, weil Vater ihm in dem Brief eine besondere Bedeutung verlieh: »Wohin man geboren wird, ist ein Zufall, doch denke stets daran, daß die moralische Qualität des Lebens und unsere Entscheidungen immer von uns selbst abhängen. Trage den Ring stets mit dem Stolz, mit dem ich ihn Dir heute schenke. Sei Dir immer der Erhabenheit des Namens bewußt, den Du trägst. Vergiß niemals, daß Du eine Cordopatri dei Capece bist.« Weiter seien in dem Schmuckkästlein ein Paar Rubinohrringe in Kleeblattform, Geschenk der Großmutter mütterlicherseits; Mutter schenkte mir Brillantohrringe, die sie ihrerseits von ihren Eltern erhalten hatte, als sie achtzehn wurde. Die Großeltern väterlicherseits hatten ein in Perlmutt und Gold gefaßtes Meßbuch dazugelegt sowie ein Tanzbuch und ein Elfenbeinetui, das einst der Fürstin Caracciolo, ihrer Vorfahrin, gehört hatte.

Ich fand noch immer keinen Schlaf und öffnete ein weiteres Päckchen Briefe mit dem Vermerk »Domenico Cordopatri« darauf.

Vater hatte im Kollegium »Alla Querce« in Florenz studiert und war damit Studienkamerad und Freund vieler Menschen geworden, die später auf den verschiedensten Gebieten angesehene Positionen im gesellschaftlichen Leben jener Zeit einnahmen. Er hatte an der Ca'Foscari in Venedig in Wirtschaftswissenschaften und Handel promoviert und dann sein Studium im Ausland fortgesetzt, in Deutschland, Frankreich, England: Sein Ziel war eine diplomatische Karriere. Doch das hatte dann sein Vater verhindert, Baron Francesco Saverio, der ein Anhänger der Bourbonen war und seinem Sohn nicht erlauben konnte, dem Königshaus der Savoyer zu dienen.

In dem Holzkästchen fanden sich auch Briefe, die Vater als Artilleriemajor aus Albanien an unsere Mutter und uns drei Kinder geschrieben hatte. Seine Ankunft auf albanischem Boden beschrieb er als eine Odyssee. Ihr Schiff würde wiederholt bombardiert, und er brauche seine ganze Kaltblütigkeit und Seelenstärke, um den Ausbruch einer Panik bei der Truppe zu verhindern. Er habe aber die Reliquie des San Francesco bei sich und vertraue sich der Hilfe des Heiligen gegen die Gefahren des Krieges an. In einem weiteren Brief forderte er mich auf, meinen Brüdern stets ein Vorbild zu sein und immer daran zu denken, daß ich zusammen mit der Mutter die Hüterin seines testamentarischen Willens sei. Am Schluß bat er Mutter herzlich, auf sich aufzupassen, ihm keine Sorgen zu machen und die derzeitigen Schwierigkeiten nicht zur Belastung der Kinder werden zu lassen.

Die gesamte Zeit, in der Vater im Krieg war, hat Mutter wöchentlich einmal eine Messe als Fürbitte für die Heimkehr ihres Gemahls lesen lassen und eine Mahlzeit für die Armen des Dorfes ausgegeben. Aufgetragen haben bei dieser Gelegenheit Mutter und ich.

Während unser Vater im Krieg war, hat übrigens die Mafia einmal die gesamte Olivenernte gestohlen. Damals begannen unsere Probleme mit den Verbrechern von Castellace; Mutter mußte zur Abwendung wirtschaftlicher Schwierigkeiten eine ihrer Liegenschaften in der Provinz Catanzaro verkaufen.

In einem weiteren bewegenden Brief beschrieb Vater die armseligen Lebensumstände der Albaner: Er sah die Menschen dort nicht als Feinde, sondern als von Hunger und Kleidermangel geplagtes Volk. Die Waffen gegen derlei unglückselige Menschen zu richten sei ihm kaum möglich – sie erinnerten ihn an die armen Leute von Castellace. Vater hoffte, daß der Krieg bald zu Ende gehe – nicht weil er feige war, sondern weil er ihn nicht für gerecht hielt. Als er dann zurückkam, ich erinnere mich noch gut daran, fand Vater das gesamte Dorf Castellace total verlassen und verarmt vor. Die örtlichen Verbrecherclans hatten den legitimen Eigentümern die Ernte gestohlen, darunter auch uns.

Vater glaubte, daß der erste Schritt zur Erlösung Castellaces aus diesem Zustand der Armut die Anbindung des Dorfes an das infrastrukturelle Netz unseres Landes sein müsse. Daher wandte er sich an die Politiker und forderte den Bau von Straßen sowie die Anbindung des Dorfes ans Stromnetz. Er bat Innenminister

Mario Scelba, einen Carabiniere-Posten einzurichten und damit das Verbrechertum einzudämmen, das sich immer gefährlicher organisierte. Scelba gab dem Antrag seines Freundes statt, und schon nach wenigen Tagen trafen die Carabinieri ein. Sie nahmen zunächst in einigen der kleinen Häuser auf unseren Ländereien Quartier. Später mietete das Kommando dann das beste Haus von Castellace an.

Die Straßen nach Castellace bestanden bis dahin nur aus Feldwegen oder, in Richtung Ferrandina, aus Eselspfaden und waren im Winter durch den Regen unpassierbar oder nur mit Ochsenkarren befahrbar. Daher wandte sich Vater an seinen Freund Alcide de Gasperi, den damaligen Ministerpräsidenten. In einem Brief kündigte er dem Regierungschef seinen Besuch in Rom an und erwähnte, daß er ihn über die Freude am Wiedersehen hinaus um Hilfe bei der Hebung des Lebensstandards in dem von ihm so geliebten Dorf angehen müsse: »Straßen, lieber Freund, sind genauso wichtig wie Schulen. Beide stellen meines Erachtens ein wirksames Abschreckungsmittel gegen das Verbrechen dar.«

Obwohl unsere Familie nur ein paar Monate im Jahr auf dem Land lebte, nutzte Vater aus Liebe zu den Menschen im Dorf seine Bekanntschaften und seinen politischen Einfluß zur Verbesserung der Lebensbedingungen und zum Kampf gegen das Verbrechen.

In einem weiteren Brief steht: »Hoffen wir, daß es hier bald Schulen geben wird und daß alle von einer ehrbaren Arbeit leben können.«

Castellace war für Vater so etwas wie ein viertes Kind. Wenn er von den Dingen sprach, die ihm am nächsten standen, kam nach seiner Familie immer sofort Castellace. Er kümmerte sich um das Leben der Einwohner: Jeden kannte er persönlich, wurde jemand krank, sorgte er dafür, daß der Arzt kam und der Kranke die Medizin erhielt. Bei Hochzeiten stand er neben dem Brautpaar, bei Leichenfeiern am Sarg. Hatte schlechtes Wetter Schäden angerichtet, hielt ihn nichts davon ab, auf die Ländereien hinauszugehen und zu prüfen, welche Bäume es erwischt hatte. Krankheiten unter seinen Bäumen bekümmerten ihn ebenso stark wie innerhalb seiner Familie. Eine leidenschaftliche Zuneigung verband ihn mit seinen Olivenbäumen; er hatte sie von seinen Vorfahren geerbt, die diese Ländereien so geliebt haben, daß sie sie urbar gemacht, bestellt und dann die Olivenbäume darauf gepflanzt haben. Diese Liebe zum Land, seine Pflege haben aus Castellace eines der wichtigsten Ölherstellungszentren der Ebene von Gioia Tauro gemacht.

Darum war Vater auch so glücklich, als sein ältester Sohn Francesco ihm mitteilte, er wolle auf die Landwirtschaftsschule von Palmi gehen und sich dann an der Universität Florenz in Agrarwissenschaften spezialisieren.

Sie riß uns alle mit, diese Liebe Vaters zu seinen Olivenplantagen von Castellace, und nur deshalb waren wir auch weitgehend damit einverstanden, während der Olivenernte aufs Land umzuziehen, ohne den Komfort der Stadtwohnung.

Als Vater dann gelähmt war, bekümmerte ihn vor allem, daß er nicht mehr durch seine Olivenhaine wandern konnte.

Plötzlich linderten die Briefe und Fotos meinen Schmerz nicht mehr; sie durchbohrten auf einmal mein Herz. Tränen stürzten mir aus den Augen, ein Schrei brach aus mir hervor: »Warum nur?«

Warum hat man zugelassen, daß die Mafia ungestört das seit dreißig Jahren angekündigte Verbrechen begehen konnte?

Ich sah in meinem Geist wieder die Wand vor mir, auf die die Mafia geschrieben hatte: »Baron, wenn Sie uns Ihre Ländereien nicht geben, bringen wir Sie vor Ihrem Haus um.«

Wie oft hatten mein Vater und mein Bruder solche Drohungen bei den Behörden angezeigt!

Der Baron Mimì mit seinem Sohn Tonino

Baron Mimì auf dem Schiff nach Albanien

Carlo d'Ippolito di Sant'Ippolito

Isabella d'Ippolito Cordopatri

Teresa d'Ippolito di Sant'Ippolito

4

Mißtrauen gegenüber dem Staat

Der Schmerz über den Tod meines Bruders war wie ein überbordender Fluß, er überwältigte jeden Gedanken, ließ alle Interessen schwinden: Auch meine Zukunft war auf dem Friedhof von Reggio Calabria zu Ende gegangen, an der Seite meines Bruders. Nichts vermochte mein Denken abzulenken vom Bild Toninos im Auto und wie ihm das Blut aus dem Mund läuft. Hunger, Schlaf, Müdigkeit: nichts davon linderte meinen Schmerz. Unentwegt plagte mich der eine Gedanke: Warum hatte die Polizei die Gefahr durch die Mafia, die ständigen Drohungen gegen uns Cordopatri unterschätzt? Dieses Mißtrauen gegenüber den Ordnungskräften behinderte zunächst meine Zusammenarbeit mit der Justiz. Tief innen war ich hin- und hergerissen; bittere Falten zeichneten mein Gesicht. Ich kannte die Widersprüche, die man in meiner Stadt durchlebt.

Der Killer, in flagranti erwischt, saß im Gefängnis. Was würde die Justiz nun unternehmen?

Die Mafia kann sich jede Ausgabe erlauben. So schweigen alle lieber: Sowohl außerhalb des Gefängnisses als auch drinnen, es würde für alle schnell gefährlich, wollten sie auspacken. Die Auftraggeber für den Mord an meinem Bruder, die mächtigen Mafiabosse von Gioia Tauro, sind in Freiheit und wie üblich mit ihren schmutzigen Geschäften im Drogen- und Waffenhandel und bei der illegalen Bautätigkeit beschäftigt. Sie versäumten allerdings nicht, mich folgendes wissen zu lassen: Sollte ich die Stelle eines Mannes einnehmen wollen und gar zu reden anfangen – dann würden sie mir eine typisch »männliche« Todesart angedeihen lassen; sie nannten das »Incaprettare« (eine besonders grausame Todesart, wo die Beine nach rückwärts gebogen und mit einem Strick um den Hals befestigt werden, so daß sich das Opfer selbst langsam erdrosselt, d. Ü.). Derlei Drohungen bremsten mich allerdings nicht. Eher schon die erheblichen Zweifel an der Qualität der Justiz in meiner Stadt.

An sich wollte ich aussagen, alles, was ich wußte, wollte allen Verantwortlichen unseren Leidensweg schildern. Doch ich hatte Bedenken, daß jener Filz aus Politik, Mafia und Justiz, der den Bossen in dieser Gegend ein ungestörtes Leben ermöglichte, meine Erklärungen zu Makulatur machen könnte. Quälende Zweifel.

Die Mafia hatte nicht nur meinen Bruder umgebracht. Sie hatte auch die Werte entweiht, die unsere Familie seit jeher gegenüber allem Unheil vereint gehalten hatten. Sie hatte die tiefen Bande zu zertrampeln versucht, die mich mit meinem Vater so sehr geeint hatten, daß ich mir bei seinem Tod seine Entscheidungen und seinen Willen zu eigen gemacht hatte. Opfer, Verzicht, Einsamkeit bedeuteten in meinem Leben nichts gemessen an den Banden, die uns geeint hatte. Die Cordopatri genügten sich selbst. Ihr Zuhause war eine Insel, um die herum das Meer der gegenseitigen Zuneigung alle Nachstellungen und Kränkungen wegspülte, alle Kompromittierungsversuche, mit denen man auf sie eindrang, und ihren Einklang mit Gott, den Glauben an ihn und an die Justiz zu zerstören versuchte.

Ich glaube an Gott. Wer anders könnte mir auch die Kraft geben zum Weiterleben, nun, da ich alleine war und auch die allerletzte Liebe verloren hatte?

»Gesetze und Menschen«, hatte Vater einmal bitter gesagt, »sind den Wandlungen der Zeit unterworfen.« Beides, Gesetze wie Menschen, fehlten nun in der Tragödie, die über mich gekommen war. Nach dem Tod meines Bruders standen die intimsten Dinge der Familie in den Zeitungen, oft mit falscher Gewichtung und Würdigung. Nie hatte sich jemand nach unserem Befinden erkundigt, keiner hatte hören wollen, was wir alles erlitten hatten. Doch nun wußten alle alles!

Ihr Bruder, gnädige Frau, soll im Spielkasino gesetzt haben! Ihr Bruder betrieb doch ein Antiquitätengeschäft ... Ihr Bruder ... Ihr Bruder ...

Oft handelte es sich dabei um Verzerrungen. Die Wahrheit kannten ja nur wir, die Cordopatri, die anderen kannten sie schon deshalb nicht, weil sie ja vordem nie etwas darüber hatten hören wollen – gerade um der Wahrheit auszuweichen. Ich hatte den Eindruck, daß man das Puzzle Mafia-Cordopatri-Tod in irgendeiner Weise zusammensetzen wollte, auch wenn am Ende etwas ganz Falsches dabei herauskam.

So bekam ich denn zu hören, daß meine Aussagen, meine Darstellung der Ereignisse und Personen störe. Bald hatte ich das Etikett einer »merkwürdigen Baroneß«, die schwätzt und nach Recht verlangt. Wäre ja auch recht bequem gewesen, mich als »Verrückte« hinzustellen! Doch ich sagte weiter aus, fühlte mich stark im Bewußtsein der schlichten Wahrheit, die ich erlebt und erlitten und nun auf dem Körper meines Bruders hinausgeweint hatte.

»Heiliger Gott«, schrie ich mir selbst zu, »es wird doch jemanden geben, der seine Pflicht tut!«

In unserem Leben war Pflicht die Triebfeder gewesen.

Schon mit neun Jahren wußte ich um meine Pflichten; Pflichten, denen ich niemals würde entsagen können. Ich hatte das Testament des Vaters zu hüten, der Mutter zur Seite zu stehen, Vorbild für die kleineren Brüder zu sein, am Abend die Gebete vorzusprechen, den Eltern zu gehorchen und die Erde von Castellace zu lieben. Als ich versuchte, aus diesen Verhaltensvorschriften auszubrechen, klappte es nicht: Mutter starb, und nun hatte ich die Pflicht, im Hause zu bleiben und unseren gelähmten Vater zu pflegen.

Und danach immer neue Pflichten, immer nur Pflichten. Nun aber stellte sich eine neue Frage: Was war in diesem Mordfall meine Pflicht? Gerechtigkeit einfordern? Wozu denn? Mein Bruder würde nie mehr zurückkehren zu mir in dieses Haus! Andererseits: Konnte ich es zulassen, daß jene giftige Gewalt, die jenes Band gegenseitiger, die Familie einigender Liebe nun zerstört hatte, auch noch in mein Haus eindringen und alles entweihen würde? Konnte ich gestatten, daß die Entscheidungen meines Vaters, die auf den heiligen Rechten freier, redlicher Menschen beruhten, entstellt würden? Konnte ich erlauben, daß der Zeitvertreib meines Bruders, den er sich aufgrund seiner redlichen Arbeit erlaubte, nun zur üblen Nachrede würde?

Jede Episode seines Lebens wurde plötzlich zum Gegenstand der Neugierde. Unsere Liebe, unsere Entscheidungen, unser Alltag wurde plötzlich zum Schlüssel entstellender Deutungen. Die Schutzgötter unseres Hauses genossen nicht mehr jenen uralten Respekt, der ihnen zur Zeit des alten Griechenlands und Roms selbst von Feindeshand gezollt worden war! Jeder Gegenstand, jede Person, jedes Ereignis, das mit dem Namen Cordopatri zusammenhing, wurde nun seziert, ausgeweidet, mißbraucht und dann jedem zur beliebigen Interpretation überlassen. Die Wände, die jahrelang unsere Privatsphäre, unsere Opfer, unsere wirtschaftlichen Engpässe vertraulich im Hause gehalten hatten, waren nun plötzlich weit aufgerissen.

So prasselten auf mich in meiner Einsamkeit und meiner Depression wohlfeile Behauptungen nieder, wie Urteile jener Heiligen Inquisition, die die Häresie dadurch bekämpfte, daß sie Unschuldige auf den Scheiterhaufen schickte. Die Gerüchte, die Reggio Calabria durchliefen, zielten alle nur darauf ab, mich zum Schweigen zu bringen; Schweigen sah man als das einzige Heilmittel für alles Übel unserer Welt. Sich gegen die Mafia stellen? Reden? Absurd, verrückt! Wer hat ihr das denn aufgetragen? Weiß sie nicht, wie das alles bei uns endet? Solidarität? Höchst gefährlich!

War es also dumm und nutzlos, sein Eigentum zu lieben, die Schutzgötter der Familie retten zu wollen? Wenn man nicht einmal seine Gefühle, seine Familie, sein Zuhause retten kann – welche Werte sind dann noch sicher? Für uns Cordopatri sind dies die Eckpfeiler, auf denen wir gebaut und gelebt haben.

Ich dachte zurück an den letzten Dezember, den ich in Florenz im Hause meines Bruders Franco verbracht hatte. Seine Wangen waren in Folge des Lungentumors eingefallen, die Augen lagen in tiefen Höhlen. Doch an jenem Morgen hatte er noch einmal die Kraft, aufzustehen und uns Geschwister zu sich zu rufen. Beim Kaffee in der Küche dachten wir an unsere Jugend zurück, an die Zeiten in Castellace. Die Mißstimmungen der letzten Jahre waren überwunden, wir waren erneut vereint, fühlten das Bedürfnis, einander unsere Liebe zu zeigen. Wir blickten einander ängstlich an, jeder von uns erklärte sich zum Alleinschuldigen an den Mißverständnissen, die uns einige Zeit getrennt hatten. Franco war der einzige von uns dreien gewesen, der sich dem Schicksal zu entziehen vermocht hatte, das uns beiden anderen in Reggio Calabria festhielt. Er bat Tonino, auf mich aufzupassen. Ihm selbst gehe es so schlecht, daß er derlei nicht mehr vermöge. Wir mußten nun die Zeit aufholen, die wir im gegenseitigen Unverständnis gelebt hatten.

Wir hielten einander an den Händen fest. Die Rührung verhinderte jedes Gespräch. Endlich waren wir drei wieder vereint, wir redeten wieder miteinander, schmiedeten Pläne, schwelgten in Erinnerungen.

Dann beteten wir für die Genesung unseres Bruders und baten Gott um Gnade.

Doch Franco starb wenige Tage danach; und auch Tonino konnte am 10. Juli des Jahres danach seine letzte Zigarette nicht mehr zu Ende rauchen.

Was wäre wohl aus mir, aus meiner Familie, aus Tonino geworden, hätte ich seinerzeit jener inneren Rebellion nachgegeben, als der mafiose Tod zum ersten Male auf uns zu lasten begann. In einer Kurve der Ferrandina – jener Straße, die schon auf unseren Ländereien liegt und die nach Castellace führt – kam es zum ersten schweren Mafia-Anschlag gegen Tonino, dem er wunderbarerweise unverletzt entging: Doch in diesem Augenblick entstand eine »neue« Teresa. Das war im Juli 1972. Die »neue« Teresa wollte anderswohin ziehen, Ländereien und Mafia hinter sich lassen und ein neues Leben aufbauen, wo man nicht den mafiosen Drohungen ausgesetzt wäre.

Diese 1972 in der Kurve der Ferrandina neu geborene Teresa wollte nun, wo ihr Bruder ermordet war, aus ihrer Stadt fliehen, das Haus verrammeln, in dem sie selbst in der Stille noch die Stimme ihrer Lieben zu hören meint: wegziehen.

Weg von Reggio Calabria, von den Olivenbäumen, weg von mir selbst. Nicht weil ich anderwärts eine neue Zukunft aufbauen wollte, auch nicht aus Angst vor der Mafia. Wut bestimmte mich, Schmerz, Tod, Mißtrauen. Ich war überzeugt, daß keine der Fragen, die ich, über den Körper meines Bruders gebeugt, hinausgeweint, hinausgeschrien hatte, daß keine dieser Fragen in Reggio Calabria jemals eine Antwort finden würde. Warum sollte ich in dieser Stadt bleiben, wo es keine Gerechtigkeit gab, kein Erbarmen, keine Nächstenliebe, keine Wahrheit? Seit ich in dieser Stadt lebte, hatte ich nur ganz, ganz wenige glückliche Augenblicke gehabt. Schon nach wenigen sorglosen Monaten lastete auf meinem Leben Trauer und Schmerz.

Meine Mutter Isabella starb 1965 innerhalb weniger Monate an einem Knochentumor. Drei Tage nachdem sie begraben wurde, bekam Vater einen Gehirnschlag und blieb fortan gelähmt. Damit verschwanden alle Unbeschwertheit und Fröhlichkeit aus meinem Leben. Der Koffer für die Fahrt nach England, in den ich neben meine Bücher auch meine Träume und Pläne gepackt hatte – er hatte keinen Zweck mehr. Er liegt seither leer auf dem Dachboden. Während der Krankheit meiner Mutter hatte ich mich keinen Augenblick von ihrem Bett entfernt: Nun mußte ich auch noch die Kraft finden, den Vater zu pflegen. Ich verdrängte sämtliche Pläne in Sachen Liebe aus meinem Leben, übernahm die Leitung des Hauses, wurde zur Mutter für meine kleineren Brüder Franco und Tonino, half meinem Vater bei der Bewältigung der neuen Situation des Gelähmtseins.

Der unzerstörbare Glaube Vaters an Gott half mir, Augenblicke der Mutlosigkeit und Schwierigkeiten zu überwinden. Die Heiterkeit, mit der Vater seine lange leidvolle Krankheit, die ihn zwanzig Jahre lang an den Rollstuhl fesselte, auf sich nahm; die Würde, mit der er sich niemals zu Klagen oder Jammern über seine neue Lebenslage hinreißen ließ, obwohl alles auch noch wegen wirtschaftlicher Engpässe schwieriger wurde; der Mut, mit dem er trotz seiner beschränkten Gesundheit und der finanziellen Not den Übergriffen und Drohungen der Mafia begegnete: all das wurde für uns Geschwister zum Musterbeispiel moralischer Größe. Vater blieb trotz seiner erzwungenen Unbeweglichkeit stets der Mittelpunkt, um den unser Leben kreiste. »Vater sagt ...«, »Vater rät uns ...«, »Vater meint ...« war die immer wiederkehrende Wendung. Die hohe Bildung und die große Sensibilität des alten Barons leiteten unser Leben.

Ich setzte mich in den Sessel hinter den Balkonfenstern Richtung Corso Garibaldi, in dem Vater zwanzig Jahre lang den Großteil seiner Zeit verbracht hatte. Leise, mit hartem Blick, sagte ich: »Vater hat immer der Mafia widerstanden. Tonino ist von der Mafia ermordet worden. Alle müssen erfahren, was die Mafia für uns bedeutet, wie sie auftritt, wie sie sich verbirgt.« Dann überfiel mich wieder eine Welle von Zweifeln. Ich fand keinen Halt in dieser Unsicherheit. Doch urplötzlich tauchte in mir das Verlangen nach Gerechtigkeit auf, die Schatten der Nacht wurden einen Augenblick lang plötzlich von hellem Licht vertrieben. Der unbändige Geist war plötzlich in mir, der die Gründer unserer Sippe einst aus dem fernen Germanien nach Italien geleitet hatte; ich beschloß, jeden nur möglichen Weg zu beschreiten, der zur Gerechtigkeit führen könnte.

Ich, Teresa Cordopatri, erwartete vom italienischen Staat, der sich dreißig Jahre lang nicht hatte blicken lassen, nun klare, präzise Antworten auf mein Verlangen nach Gerechtigkeit. Ich, die letzte Vertreterin der uralten Familie der Capece, die über alles geliebte Tochter des Barons Mimì, die ihrem Bruder in symbiotischer Verbundenheit zugetan war; die einzige Erbin der Olivenhaine von Castellace, die die Mafia sich unrechtmäßig angeeignet hatte.

Doch wie sollte ich das anstellen? Wem konnte ich vertrauen? An wen sollte ich mich wenden? In all den Jahren hatte ich vor allem gelernt, jedem zu mißtrauen. Ein Anwalt hatte mich darauf hingewiesen, daß Verbrecher oft Zuträger für die Carabinieri und die Polizei sind und daß viele von ihnen daher von den Ordnungskräften geschützt werden. Seiner Ansicht nach war das auch einer der Gründe, warum die Mafia so ungestört handeln konnte. Der Anwalt hatte mir denn auch nach dem Tod Toninos nur eines geraten: nicht mit der Polizei zusammenarbeiten, wegziehen von Reggio Calabria, ihm selbst die Generalvollmachten für die Güter übertragen. Doch ich bin eine Cordopatri, ich fliehe nicht. Ich würde mich nicht verstecken, nirgendwo.

Ich würde also in meinem Hause wohnen bleiben, würde mit der Justiz zusammenarbeiten, weil ich die Aufgabe zu Ende führen mußte, die meine Familie begonnen hatte: die Mafia bekämpfen. Ich wollte die von der Mafia besetzten Ländereien wiederhaben: Tonino hatte schließlich mit seinem Leben dafür bezahlt. Die Ländereien müssen im Eigentum der Cordopatri bleiben.

Die Drohungen, die gegen die Familie ausgestoßen worden waren, hatten wir regelmäßig bei den Behörden angezeigt; und diese hatten uns ebenso regelmäßig keinerlei Beachtung geschenkt. Mehr als dreißig Jahre hatte es der Staat hinsichtlich der bösen Schwierigkeiten, die uns die Mafia bereitete, an Aufmerksamkeit fehlen lassen. Ein Vorfall von vor vielen Jahren hatte sich mir besonders eingeprägt. Die Familie hatte wie üblich einen massiven Einschüchterungsversuch mit ihrer üblichen Anzeige bei den Ordnungskräften beantwortet; Vater hatte trotz seiner Lähmung einen Termin beim Präfekten verlangt und dabei den Grund angedeutet. Dieser hielt ein Treffen nicht für angebracht, doch Vater gab nicht nach. Am Ende wurde doch ein Termin vereinbart, doch der Präfekt unterschätzte die Aussagen Vaters wie üblich. Das Gespräch dauerte nur kurz: Die Polizei, so der Präfekt, habe derzeit wahrlich größere Probleme bei der öffentlichen Sicherheit als die Drohungen gegen die Cordopatri. In seiner doppelten Eigenschaft als Vertreter des Staates und, wie er sich ausdrückte, als kluger Mann, riet er Vater angesichts der Tatsache, daß er von seinen Söhnen gestützt werden mußte, doch seinem Gesundheitszustand Rechnung zu tragen und nicht zu vergessen, daß er gelähmt sei. Er solle einen Modus vivendi für die Führung seiner Ländereien in Castellace finden, wie alle anderen Eigentümer des Gebiets. Man müsse nur guten Willen zeigen und die Dinge in Ordnung bringen!

Zu Hause lachten wir über all das.

Damals konnte man noch lachen, der Tod war noch nicht ständiger Gast in unserer Familie.

Ich überlegte weiter, an wen ich mich wenden, mit wem ich reden könne, wem ich all die Dokumente anvertrauen könnte, die ich besaß.

Tief innen lösten die Fixpunkte meines bisherigen Lebens erneut eine Welle von Zweifeln und Fragen aus, auf die ich keine rechte Antwort wußte. Es war ja niemand mehr da, den ich fragen konnte. Keine beruhigende Stimme mehr wie die von Tonino: »Keine Sorge, liebe Teresa, wir finden eine Lösung. Wirst sehen, alles wird gut!«

Vaters Sessel war seit langem leer, und nun war da auch nicht mehr der Zigarettengeruch und der Raucherhusten, der stets die Anwesenheit meines Bruders verriet. Tonino hatte meine Sorgen oft durch liebevolle Worte und Scherze zerstreut. Seit meiner Kindheit hatte man mir gesagt, daß Pflichterfüllung der Leitfaden aller Entscheidungen sein solle: Neben der Liebe zu meiner Familie war das auch der Grund gewesen, warum ich in diesem Haus geblieben war, an der Seite meines Vaters. Außerdem war ich mir sicher gewesen, vor Tonino zu sterben.

Doch nun saß ich da und quälte mich mit Zweifeln, was ich tun sollte, nachdem mein Bruder ermordet worden war.

Pflicht. Immer die Pflicht. Zur Pflicht gehört auch der Mut zur Anzeige, zur Aussage. Zur Aussage in einer Stadt, in der das Schweigen über bestimmte Dinge obligat ist. Ich weiß sehr gut, was meine Pflicht ist: reden. Das hat mich Vater gelehrt. Seit er wegen seiner Lähmung das Haus nicht mehr verlassen konnte, war schließlich ich es, die die Anzeigen gegen die Mafia auf der Maschine getippt hatte; Vater diktierte sie und unterschrieb sie dann mit der linken Hand.

Doch ich wußte auch, daß Reden alleine nicht genügt. Was nützte es, wenn doch niemand darauf hört? Wie oft waren ich und Tonino bei Gesprächen über die Ereignisse in der Stadt zum Ergebnis gekommen, daß die Wahrheit, in Reggio Calabria oft auf den Straßen zu erkennen, in aller Munde ist – doch nicht in die Gerichtssäle drang!

Die Liebe zu Tonino war für mich zu einer doppelten Mauer um dieses Haus herum geworden. Hier hatte es nie jenen Verfall moralischer Werte gegeben, aus dem die neue Gesellschaft der Mechanisierung, der Computer, des leichten Wohlstandes entstanden ist. Die Cordopatri waren wohl die letzten Sprößlinge jenes alten Menschenschlages, die an die Werte der Gerechtigkeit und der Redlichkeit glaubten. Doch sie sind nun nur noch Randfiguren.

Wozu also noch Pflicht, Gerechtigkeit, Redlichkeit?

All diese Werte haben meinen Bruder nicht geschützt. Würden sie nun mir helfen, Gerechtigkeit zu erlangen? Die Entscheidung mußte ich, nun da alle weggestorben waren, ganz alleine treffen.

Gewiß, ich würde den Justizbehörden alles anzeigen, wie es mein Vater und mein Bruder getan haben.

Doch an wen sollte ich mich wenden?

Sicher nicht an jenen Polizeibeamten, der nicht einmal eine Sekunde lang dem Attentat vom 20. Oktober 1990 nachgespürt hatte, als ein Killer mit weißbeschmiertem Gesicht und einer schwarzen Stachelhaarperücke mehrere Schüsse auf meinen Bruder und mich abgefeuert hatte. Wir waren gerade aus unserem

Haus getreten, um halb drei Uhr nachmittags, um ein Möbelstück auszuliefern, das wir am Vormittag im Antiquitätengeschäft verkauft hatten. Normalerweise ging Tonino zu dieser Stunde niemals aus, er machte da meist ein Nickerchen. Wir konnten diesmal sogar ein Suchbild des Attentäters erstellen, Vermutungen äußern, gar einen Namen nennen.

Doch alles geriet in Vergessenheit; der Anschlag wurde wieder einmal unterschätzt. Die Pistolenschüsse, die in den Wänden des Hausflurs eingeschlagen waren, wurden ohne irgendwelche ballistischen Untersuchungen einfach als »Salven« eingeordnet.

Nach dem Tod Toninos wurden diese Schüsse in den allgemeinen Rahmen der Mordversuche eingereiht. Doch die posthume Aufmerksamkeit der Polizei für den Baron Antonio Carlo nützte nun nichts mehr. Ich bat meine Toten um Kraft zum Weiterleben, wenn dies ihr Schicksal sein sollte.

Hatte sich in Reggio Calabria etwas verändert? Würde die Anzeige gegen die Mafia nunmehr verfolgt, oder würde sie ein weiteres Mal in einer Schublade verschwinden und würde erneut niemand ermitteln, aus welchen Gründen Salvatore Larosa aus Parghelia die Tropea nach Reggio Calabria gekommen war (gute hundert Kilometer Entfernung, d. Ü.) und seit sieben Uhr morgens vor dem Tor unseres Hauses gewartet hatte, um meinen Bruder zu erschießen? Wies diese Mauer aus Angst, die wegen unserer Haltung der Mafia gegenüber ein Netz aus übler Nachrede und Lügen geschaffen hatte, eine Bresche auf, durch die ich am Ende Gerechtigkeit erlangen konnte?

Ich dachte an die düstersten Jahre meines Lebens, in denen wir von allen verlassen waren, von Verwandten, Freunden, den Justizbehörden und der Polizei, und in denen man unsere »ostentative« Verweigerung gegenüber der Mafia belächelt hatte; Jahre, in denen wir Kinder uns um unseren Vater scharten, die Ärmel hochkrempelten und die Entschlossenheit des alten mutigen Geschlechts der Cordopatri wiederbelebten.

Wir würden arbeiten, redlich arbeiten, wir würden unsere Steuern für die Olivenhaine bezahlen, auch wenn diese in den Händen der Mafia sind – doch diese Ländereien werden Eigentum der Cordopatri bleiben.

5

Botschaften der Mafia

Unsere Familie lebte in Reggio Calabria schon lange in einer erzwungenen Isolierung. Aus diesem Grund kamen auch viele Verwandte und Freunde nicht zur Beerdigung Toninos; auch Politiker blieben ihr fern – selbst jene, die noch bei den letzten Wahlen um die Unterstützung meiner Familie gebeten hatten.

Die Mauer aus Angst, übler Nachrede und Mißtrauen, die dreißig Jahre mafioser Übergriffe um uns geschaffen hatten, bewirkten nun, daß fast alle, die vorher aus Zuneigung, Wertschätzung, Freundschaft und auch aus Prestigegründen gerne die Treppe des Palazzo an der Via d'Annunzio hinaufgestiegen waren, ihre Besuche einschränkten und am Ende ganz ausblieben.

Als unsere Familie endgültig von Nicastro in den Palazzo Cordopatri umzog, war ein paar Jahre lang auch hier das unbeschwerte, heitere Leben vom großelterlichen Palazzo d'Ippolito weitergegangen.

Franco und Tonino waren zwei besonders lustige, umgängliche Jungen, und das zog viele Schulkameraden ins Haus; Mutter lud dann meistens alle zum Essen oder zu einer Brotzeit ein.

Aus den Zimmern scholl damals kindliche Fröhlichkeit und Lebenslust; in diesen Jahren schmiedete man große Pläne. Das Leben verlief ruhig, nichts deutete auf die Unmengen von Trauer und Schwierigkeiten hin, die uns überwältigen sollten.

Das alles änderte sich schlagartig, als Sondergesetze und -maßnahmen für Kalabrien erlassen wurden und schnell alle Gewohnheiten und Verhaltensweisen – fast könnte man sagen – in ihr Gegenteil verkehrten: Die Politik wurde zu einem Beruf, soziale Beziehungen bestimmten sich nur noch nach dem eigenen Vorteil.

In unserem Hause geschah derlei nicht. Bei uns wurden die Entscheidungen weiterhin bestimmt von Motiven wie Hochachtung oder Zuneigung. Man sprach weiter von Redlichkeit,

Ethik, Religion, Würde, alle Kompromisse mit der neuen Lebensweise lehnte man stolz ab.

Während sich draußen alles änderte, hörte man bei uns weiterhin Sätze wie »Ein Ehrenmann tut so was nicht«.

Vater glaubte noch immer an die starken Mauern unseres Palazzo und daß das Ansehen seines Namens, die Klugheit seiner Entscheidungen unsere Familie und uns Kinder, die er so liebte, ewig schützen würden vor jeglicher Veränderung, die nicht von jenem uralten Ehrenkodex und dem Mut getragen wird, die ihm seine Vorfahren zusammen mit den Olivenhainen vermacht hatten.

Doch kaum hatte sich die Nachricht von den Problemen mit den Ländereien von Castellace bei den Verwandten verbreitet, stürzten die Schwierigkeiten nur so auf Vater ein. Dabei befand er sich auch so in einer extrem schwierigen familiären Situation: Mutter war vor wenigen Tagen gestorben, er hatte kurz danach einen Gehirnschlag, der ihn für immer lähmte. Plötzlich hatte niemand mehr Lust zum Lachen in diesem Hause. Gleichzeitig begann diese Atmosphäre des Schmerzes auch die engsten Verwandten fernzuhalten. Sie vergaßen ihre drei jungen Verwandten in Reggio Calabria nun sogar bei den wichtigsten Festen.

Zu dieser Zeit waren die Ländereien von Castellace unsere einzige Einkommensquelle, auch wenn wir diese gar nicht nutzen konnten, weil sich die Mafiafamilie der Mammoliti bereits ihrer bemächtigt hatte. Die Verwandten hatten schlichtweg Angst, wir könnten sie um Hilfe angehen – da verschwanden sie lieber ganz von der Bildfläche.

In Reggio Calabria regierte damals fast nur der Eigennutz: Man wollte um jeden Preis gut leben, verständigte sich mit allen, ließ den Dingen ihren Lauf. In einem solchen Klima der Leichtfertigkeit und Korruption hat nur der Dumme Probleme: Für alles gibt es eine Lösung, man muß nur die richtigen Leute um Hilfe angehen, auch wenn es sich dabei um hochkarätige Mafiosi handelt. Nur ein Idiot geht diesen Menschen aus dem Weg: Der Schlaue sucht dagegen regelrecht ihren Schutz, denn das befördert die Beziehungen zu den anderen Menschen und verschafft einem Vorteile auch vor Gericht, wo es meist sowieso keine Gerechtigkeit mehr gibt.

Die Mafia setzte sich an die Stelle der Legalität: Sie sprach mit ihren Gesetzen Recht und garantierte dabei Entscheidungen binnen kürzester Frist und sicheren Erfolg. In jener Zeit, in der persönliche Verdienste der Macht der »Empfehlungen« wichen, hatte der kalabresische Politiker eine Aura von Unantastbarkeit um sich, die weit über die Immunität von Abgeordneten hinausging. Dreist vergab er Arbeitsplätze, schuf Machtzentren, verwaltete die »res publica« wie seine persönlichen Angelegenheiten. Es war die Zeit der großen Geschäfte.

Das Bauwesen wucherte wild. Politiker bauten ihre Villen gleich neben denen der Mafiosi, illegal zumeist und überwiegend an den schönsten Küstenstrichen Kalabriens. Vater erhielt von verschiedenen Seiten immer denselben Rat: Gib deine Ländereien an die Mammoliti ab, das Leben ist mehr wert als das Land! Vater aber dachte nicht daran, und er glaubte auch nicht, daß das Leben eines Menschen aus seiner Familie der Preis für das Land werden sollte. Von altem Schrot und Korn wie er war, glaubte er an die Justiz, an den Staat, an Gott. Das Land gehörte ihm, seiner Familie seit 1240 Jahren, er würde es niemandem geben. Das Gesetz würde sein Recht schützen: Nie und nimmer konnte er glauben, daß die Ausübung dieses Rechts eines seiner Familienmitglieder das Leben kosten würde. Er fühlte sich geschützt aufgrund seiner Anzeigen bei den Behörden. Es war Aufgabe der Justiz, ihn vor Übergriffen der Mafia zu schützen.

Der »Roof Garden« am Ende der Via Marina war damals ein bedeutender Treffpunkt in Reggio Calabria. Da konnte man am Abend die Mafiosi an einem Tisch mit den Wohlstandsbürgern der Stadt sehen. In den Wohnungen der Mafiosi gingen Anwälte, Richter und Polizisten ein und aus. Alle wichtigen Angelegenheiten der Stadt wurden von den Bossen mit ihren mafiosen Gesetzen entschieden.

Es waren auch die Jahre der Morde an hochgestellten Persönlichkeiten: Es ging um die Aufteilung von ganz Kalabrien. Hier entstand die neue Mafia, die ihre Geschäfte auf den Drogenhandel und auf die Politik stützte. In einem derartigen rechtlosen Klima war es für die Mammoliti leicht, unsere Familie mit üblen Forderungen zu bedrängen. Als diese keine Wirkung zeitigten, gingen sie zu »überzeugenderen« Formen des Drucks über.

Tonino wurde durch mehrere Pistolenschüsse wenige Kilometer vor seiner Olivenplantage gestoppt. Wie durch ein Wunder gelang es ihm zu entkommen: Doch von jenem 31. Juli 1972 an konnten die Cordopatri ihren Fuß nicht mehr auf ihr Eigentum setzen.

Die Nachricht von dem Attentat verbreitete sich in der Stadt, und plötzlich hatten viele Freunde, die sonst am Abend immer mit Tonino am Corso Garibaldi entlangspaziert waren, wichtigere Termine, verschwanden einige Zeit von der Bildfläche und nahmen dann ihr Flanieren wieder auf – aber mit anderen Freunden. Der Clinch zwischen den Cordopatri und den Mammoliti wurde nun auch außerhalb des Palazzo in der Via d'Annunzio bekannt: Jeder wußte nun, daß wir im Fadenkreuz der Mammoliti standen. Doch es zeigte sich keinerlei Solidarität in den Reaktionen der Freunde und Verwandten, nur Isolierung. Sich der Mafia entgegenstellen ist verrückt; besser nicht mit diesen Cordopatri zu tun haben, die so blöde sind, und es doch tun.

Inzwischen wurde die Mafia mühelos zu Eigentümern aller Ländereien um die unsrigen herum (was dann auch die Ermittlungen der Carabinieri bestätigten). Dabei wandte sie immer dieselbe Technik an: Sie übersandte durch ihre Emissäre ihre Kaufforderung den rechtlichen Eigentümern, wartete aber nicht etwa deren Antwort ab, sondern begann gleichzeitig mit einer ganzen Abfolge von Einschüchtungsversuchen – von Sachbeschädigung bis zu Morddrohungen und Verwüstungen. Danach legte der Boß einen Preis weit unter dem Verkehrswert des Landes fest. Zu diesem Zeitpunkt sorgte die anhaltende Angst bereits dafür, daß man das Angebot der Mafiosi annahm. Man ging zum Notar, der Eigentümer erklärte sich mit einer kleinen, vom Boß festgelegten Anzahlung einverstanden. Manchmal wurde auch mit Schecks bezahlt, die man aber niemals einlösen durfte.

Der Rest der Zahlung sollte »später« erfolgen. Dieses »Später« bedeutete in der Mafiasprache »nie«. Wagte es jemand, gegen dieses mafiose Prozedere zu protestieren, unterlag er ständigen Einschüchterungsversuchen und Attentaten. Einer der Widerständler wurde dann folgendermaßen abgestraft: Er wurde entführt und auf jenem Grundstück gefangengehalten, das den Appetit der Mafiabande geweckt hatte.

Alle wußten es, alle waren darüber auf dem laufenden, doch es sollten dreißig Jahre vergehen, bis die Ordnungskräfte einschritten. Erst nachdem es immer wieder zu Entführungen gekommen war und zu Morden an hochgestellten Persönlichkeiten, begann man gegen die Mafia zu ermitteln. Die Gefängnisse begannen sich mit Bossen zu füllen.

Unsere Isolierung nach dem Attentat auf Tonino 1972 war total: Verwandte betrachteten selbst Grüßen schon als abträglich für ihre Unternehmungen und hielten sich vom Palazzo der Cordopatri fern; Freunde fürchteten, sie könnten in eine »transversale« Rache hineingeraten (Ermordung eines Freundes oder nahen Verwandten, um dem Opfer Leid zuzufügen, d. Ü.), und ließen sich nicht mehr in unserer Begleitung sehen.

Die Mafia war inzwischen zur größten Eigentümerin von Tourismusanlagen und Hotels geworden und beherbergte häufig Abgeordnete und Senatoren als ihre Gäste. Die Politiker erwarteten umgekehrt von den Bossen umfangreiche Wahlhilfen. War der Politiker dann gewählt, dankte er dem Boß durch unterschiedlichste Gefälligkeiten, die ihrerseits wiederum das Prestige des Mafioso stärkten. Die dunklen Geschäfte konnten sich so immer weiter ausdehnen. Die Ausführung öffentlicher Aufträge lag häufig in mafiosen Händen, weshalb die Preise dafür mitunter ein Vierfaches der korrekten Zahlen erreichten – während sich die Fertigstellung unendlich hinauszögerte.

Alle Behörden, die für die Ausführung von Sonderaufträgen im Süden eingerichtet wurden, wurden zu Verteilern für derartige Geschäfte. Die Armut nahm zu, die Arbeitslosigkeit erreichte Spitzenwerte, doch der Lebensstandard einer bestimmten gesellschaftlichen Schicht war unerklärlicherweise sehr hoch. Reichtum vermehrte sich oft ungeheuer schnell, ohne daß er durch irgendwelche konkrete Arbeit zu erklären gewesen wäre. In den meisten Fällen waren die Eigentümer dieser Reichtümer sogar arbeitslos gemeldet.

Trotz der Abstrusität all dieser Vorgänge erregte derlei weder bei den Ordnungskräften noch bei der Justiz irgendwelche Aufmerksamkeit. Die Zeiten, in denen endlich Vermögensfeststellungen durchgeführt wurden, waren damals noch lange nicht in Sicht. Niemand mußte seinen »merkwürdigen« Reichtum rechtfertigen.

Aus dieser Verbindung von Politik und Mafia entstanden die ersten Botschaften seitens der Mammoliti an die Cordopatri.

Ein Abgeordneter, der in der Ebene von Gioia Tauro viele Wählerstimmen eingesammelt hat, riet Tonino, seinen Vater zu einer Abschwächung seiner harten Verweigerung gegenüber den Forderungen Saros zu veranlassen. Starre Haltungen gegenüber der Mafia, meinte er, würden in Reggio Calabria niemandem etwas bringen.

Der angesehene kalabresische Politiker bekleidete Regierungsämter; seine Botschaft im Auftrag seines Freundes Saro – er nannte ihn tatsächlich Freund – war überaus deutlich. Aufgrund seiner politischen Stellung, sagte er Tonino, könne er unserer Grundstücksmaklerei gute Geschäfte vermitteln, von denen wir gut leben könnten, zumal wir doch von unseren Ländereien keine Einnahmen zu erwarten hatten. Natürlich war eine Gegenleistung zu erbringen: die Olivenplantagen von Castellace müsse man an Saro verkaufen. Und zu einem Preis, den dieser festsetze. Wir sollten uns dabei nicht wegen des niedrigen Verkaufspreises sorgen, den der Boß festlege: der Verlust werde ausgeglichen durch die Geschäfte, die er, der Politiker, Tonino dann zuschanzen werde.

Wie üblich sagten wir dankeschön und lehnten ab. Saro selbst sprach Tonino ein paar Tage später an, als dieser gerade aus dem Haus trat, und erklärte ihm, er und der Minister hätten ein derart enges Verhältnis, daß er von ihm alles haben könne, derart sei der Mann ihm verpflichtet. Tonino könne auf alles vertrauen, was der Politiker ihm gesagt hatte. Er selbst, Saro, werde dafür sorgen, daß der Mann all seine Versprechen einhalte, wenn die Cordopatri ihm die Ländereien von Castellace verkauften.

Unsere wirtschaftliche Lage wurde immer schwieriger, doch wir Kinder des Barons Mimì ließen uns von den schlimmen Ereignissen nicht überwältigen; jeder half der Familie auf seine Weise. Francesco unterbrach sein Studium der Agrarwissenschaften an der Universität in Florenz und eröffnete dort eine Werbeagentur; ich selbst erteilte zu Hause Privatunterricht und schrieb zusammen mit einer Freundin eine Grammatik der französischen Sprache für Mittelschulen. Tonino eröffnete in Reggio Calabria eine Immobilienagentur. Harte Zeiten, doch Vater verkaufte seine

Ländereien nicht. In zwei Kriegen hatte er in vorderster Reihe gekämpft; er war überzeugt, daß am Ende der den Kampf gewinnt, der im Recht ist. Und er wußte, daß er im Recht war: Die Ländereien gehörten ihm.

Er beobachtete aufmerksam jede politische und soziale Veränderung auf der Welt, und so deutete er den Konsumwahn und den Niedergang der moralischen Werte in jenen Jahren durch die Optik unzähliger Artikel, die er las, um über die langen Stunden seines Rollstuhldaseins hinwegzukommen: Für ihn waren das geschichtliche Abläufe, aus denen die Menschen seiner Ansicht nach einst wiedererstehen und die Synthese aus Ethik, Politik und Kultur wiederherstellen würden. Auch die Zeiten der Mafia würden vergehen. Noch nie, in keinem gesellschaftlichen Zusammenhang, sei es geschehen, daß eine Handvoll Personen für lange Zeit die Würde vieler Menschen beleidigen konnte, ohne beizeiten das Gewissen der Führungselite zu wecken. Zu uns sagte Vater dann regelmäßig: »Bei Sturm holt man die Segel ein, macht nur wenig Fahrt und wartet, bis sich das Unwetter gelegt hat.«

Trotz der Isolation nahmen dann manche Menschen, die um die erklärte Gegnerschaft der Cordopatri zur Mafia wußten, Kontakt zur Familie auf und gaben Ratschläge und Anregungen zur Lösung der Probleme – aus ganz unterschiedlichen Motiven. Als Vater für einen Eingriff ins Krankenhaus mußte, riet der Chirurg uns drei Geschwistern, den Rechtsstreit mit den Saro zu beenden. Bereits diese Einschätzung des Chirurgen war natürlich falsch: Es ging nicht um einen Rechtsstreit, die Ländereien gehören seit jeher uns. Außerdem erschien uns der Augenblick höchst ungeeignet für ein solches Gespräch, waren wir doch wegen des schlechten Gesundheitszustandes unseres Vaters ins Krankenhaus gekommen. So entschieden und unwillig war unsere Antwort, daß Spannungen zwischen dem Kranken und dem Arzt die Folge waren.

Jedenfalls mußten alle nun zusätzlich zur Weigerung des Barons, die Ländereien der Mafia zu verkaufen, auch noch mit dem eisernen Widerstand seiner Kinder rechnen. Vater hatte einst seinen Kindern während der Spaziergänge unter den Bäumen die Geschichte dieser Ländereien erzählt und die Liebe zu den Olivenplantagen von Castellace geweckt, und genauso übertrug er uns nun den Widerstand gegen jegliche Art von Gewalt, Übergriff, Pflichtverletzung. Niemand wankte in unserem Haus beim Widerstand gegen die Mafia, niemand schwankte bei der Frage nach der Zukunft der Ländereien von Castellace. Die Ländereien von Castellace gehörten den Cordopatri, und dabei blieb es.

Diese unbeugsame Haltung veranlaßte in Folge einen Richter aus Reggio Calabria, uns Geschwistern weniger Starrheit und mehr Nachgiebigkeit anzuraten. Er selbst sei in dieser Hinsicht ein Vorbild: Trotz seines Amtes und des Umfeldes, in dem er tätig sei, gelinge ihm stets eine Vermittlung, und so lebe er denn auch recht ruhig. Er gehöre zu jenen Menschen, denen alles gelingt. Wir seien nicht von dieser Sorte. Uns gelinge derlei nicht.

Doch wir verweigerten uns der Mafia auch weiterhin. Diese konnte eine derartige Niederlage selbstverständlich nicht akzeptieren; ihr Prestige als anerkannter, gefürchteter, geachteter Clan stand auf dem Spiel. Würden die Cordopatri ihren Kopf durchsetzen, könnten das auch andere Landeigentümer tun. Mithin mußte man uns um jeden Preis zum Verkauf zwingen.

So gab es nun eine Periode ständiger Drohungen und Botschaften der Mafia an unsere Familie.

Im Lauf von Wahlkämpfen wurde der Widerstand gegen die Mafia zum zentralen Programmpunkt der Kandidaten aller Parteien: Tatsächlich aber wurden sie alle von der Mafia unterstützt. Diese bestimmte dann den Aufstieg jener Kandidaten, die ihr am eifrigsten halfen. Und so lebte die Mafia in diesem Gebiet weiterhin ungestört.

Just während einer dieser Wahlkämpfe rief die Frau eines Abgeordneten bei unserem Vater an, versicherte ihre Solidarität und die ihres Mannes und erbat die Stimmabgabe für ihren Gemahl. Kaum gewählt, riet der Abgeordnete dann Tonino Cordopatri, unser Land an die Mammoliti abzugeben und ihm selbst die Verhandlungen dafür zu übertragen. Die Antwort von uns Cordopatri aber blieb immer dieselbe: nein danke.

Wie in den meisten anderen Fällen in dieser Zeit folgte auch hier auf unsere Weigerung, uns den Übergriffen der Mafia zu beugen, der Abbruch der Beziehungen mit den unerwarteten Ratgebern.

Da in jenen Jahren jede Art von Legalität fehlte, mußten wir unseren Kampf, bei dem wir die Verteidigung unserer Rechte und den Schutz unseres Eigentums der Justiz anvertrauten, notwendig verlieren.

Dreißig Jahre lang gehörten wir zu den Verlierern. Ich fragte mich, ob die Denkschrift, die mein Bruder verfaßt hatte, als er vom Desinteresse der Justiz entmutigt sein Wissen nicht mehr Behörden-Anzeigen anvertraute, sondern zu Hause zu Papier brachte, nun endlich doch »Glück« haben und tatsächlich bis zum Gerichtssaal in Reggio Calabria vordringen könnte.

6

Die Denkschrift

Ich wußte, daß mein Bruder die gesamte Geschichte unseres Leidensweges mit der Mafia auf mehreren Seiten niedergeschrieben und in eine Holzschatulle eingeschlossen hatte, zusammen mit einem Umschlag, in dem weitere Notizen steckten. Ein paar Tage vor seinem Tod hatte Tonino mir anvertraut, daß lediglich unsere Kusine Angelica von dem »Memoriale« wußte.

Angelica Rago ist mit uns verwandt; vor allem aber waren und sind wir eng miteinander befreundet. Wir hatten Freude zusammen erlebt, aber auch Trauer um unsere Verstorbenen. Einige Tage nach dem Tod Toninos erzählte Angelica während des Frühstücks bei mir, daß mein Bruder ihr bei unserem letzten gemeinsamen Treffen am 13. Juni einige Dinge anvertraut hatte, während ich gerade Getränke holte; nun sei wohl der Augenblick gekommen, darüber zu sprechen.

Tonino sei an diesem Tage höchst besorgt gewesen; Angelica führt dies auf die Gleichgültigkeit der Behörden hinsichtlich des Attentats vom 20. Oktober 1990 zurück. Er glaubte nicht mehr an den ernsthaften Willen der Carabinieri und der Polizei zur Aufklärung dieser Abfolge mafioser Untaten, die wir seit dreißig Jahren erlitten. Nachdem er auch den letzten einschlägigen Rettungsversuch hatte scheitern sehen, wollte er nun detailliert die Geschichte der Drohungen, Anschläge, Gewalttaten seitens der Mammoliti aufschreiben. Das sollte mir nach seinem Tode helfen, den Filz aus Komplizenschaft und Unterlassungen aufzuklären, der diesen Leuten ungestörtes Handeln ermöglichte, weil sie sich auf »unverdächtige« Unterstützung verlassen konnten.

Noch nie hatte Angelica Tonino so traurig und verzagt gesehen wie an diesem 13. Juni. Er hatte noch den Morgenmantel an, war unrasiert, abgemagert.

Er schickte voran, daß er am Abend nicht mehr ausgehe und

deshalb im Morgenmantel bleibe und daß er fürchte, umgebracht zu werden. Als Angelica liebevoll gegen die traurige Stimmung im Hause protestierte, sagte er mit bitterem Lächeln, daß es keinen Grund zu Heiterkeit mehr gebe: die Mammoliti hätten nun nicht mehr nur einen Grund, ihn umzubringen, sondern sogar zwei.

Saro, der Clanchef, mußte es aus Gründen mafiosen Prestiges tun; sein Neffe Francesco hingegen aus Rache für die Beleidigung seiner Mutter Mariarosa: Tonino hatte diese bei einer Begegnung in einem Autogeschäft von Gioia Tauro als üblen Menschen bezeichnet. Angelica wußte bereits von dieser Geschichte; sie war bei einem Telefongespräch zugegen, das Tonino mit einem der d'Ippolito führte, der sich merkwürdigerweise, vielleicht der Verwandtschaft wegen, als Vermittler zwischen den Cordopatri und den Mammoliti angeboten hatte.

Tonino überging jedenfalls das Verhalten des Vetters aus guten Gründen.

Er wartete, bis ich erneut aus dem Zimmer ging, und vertraute Angelica dann an, er habe aus einer kürzlich erfolgten Drohung entnommen, daß ein Projekt, das eine Art letzte Rettung für sie beide gewesen wäre, mit Sicherheit geplatzt sei: Aus der Art der Drohung habe er erkannt, daß ihn wohl gerade die Person verraten hatte, die ihm bei der Realisierung dieses Planes helfen sollte. Angelica schaute ihn besorgt an: Sie verstand nicht so recht, was ihr Tonino alles erzählte. Dann fragte sie nach; Tonino sagte, sie sollten doch zusammen auf dem Balkon etwas frische Luft schöpfen, dann sagte er so leise, daß ich es nicht hören konnte:

»Reden wir hier weiter; ich möchte Teresa nicht noch trauriger machen, als sie so schon ist. Angelica, für mich ist alles aus. Saro hat mich wissen lassen, daß mir nicht einmal mehr ein einziger Baum gehört, und sollte ich es wagen, auch nur einen Ast abzuschneiden, werde er mich hier vor meinem Haus umbringen.«

Angelica meinte, diese Einschüchterungsversuche würde er doch seit dreißig Jahren kennen. Sie riet zu einer erneuten Strafanzeige; auch den Vorfall im Autogeschäft solle er melden. Man müsse sich jetzt direkt an einen Staatsanwalt wenden, der unsere Lage schon aufgrund seines Amtes erkennen müßte. Tonino erwiderte, daß es niemanden gebe, an den man sich wenden könne und erinnerte sie an jenen Richter, den er im Frühjahr 1990 auf Anraten eines Anwalts angesprochen hatte: Auch der hatte ihm geraten, sich nicht gegen die Mafia zu stellen. Angesichts der jüngsten Ereignisse – über die er sie auch nicht restlos aufklären wollte, um sie nicht auch noch in diese Dinge hineinzuziehen – sei für ihn wohl nichts mehr zu machen. Wenigstens die Schwester aber solle sich noch retten.

»Angelica«, sagte er dann, »ich habe die Geschichte der Verfolgungen durch die Mafia aufgeschrieben, ich habe alle Leute genannt, die Saro Mammoliti in der einen oder anderen Weise unterstützt haben. Ich hoffe, daß das meiner Schwester helfen wird, den mörderischen Absichten der Mafia zu entgehen. Sie weiß das alles schon, was ich aufgeschrieben habe. Erinnere sie nach meinem Tod, daß sie es zur Durchsetzung der Gerechtigkeit nutzt.«

So verwandelte sich dieser Tag, der eigentlich fröhlich hätte sein sollen, in eine Art Todeserwartung. Stumm saßen wir da, keiner von uns dreien hatte noch etwas zu sagen; jeder hing seinen Gedanken nach. Angelica glaubte sich um Jahre zurückversetzt, als ebenfalls eine derart verzweifelte Stimmung herrschte: Francesco Ventrice hatte damals zum erstenmal von Saro Mammoliti gesprochen, im Frühjahr 1967.

Angelica hatte ihren Morgenspaziergang mit ihrem Kinderwagen die Via Marina entlang gemacht und war dann zu Onkel Mimì frühstücken gegangen. Einige Stunden war sie schon im Haus Cordopatri, sie hatten guten Kaffee getrunken und saßen nun wie üblich im Speisezimmer um den Baron herum, der die langen Tage seiner Lähmung in einem Sessel hinter dem Schreibtisch verbrachte: Auf der einen Seite lagen historische Bücher, auf der anderen Zeitungen und Zeitschriften, die ihn über das italienische Leben auf dem laufenden hielten. In der Mitte stand das Telefon, als unzertrennlicher Freund, der ihm erlaubte, auch dorthin zu gelangen, wohin ihn seine Beine nicht mehr trugen.

Dann ertönte die Haustürklingel. Ich öffnete und kam ins Speisezimmer zurück in Begleitung eines Mannes mittlerer Statur, mit einem sympathischen gutmütigen Gesicht: Francesco Ventrice. Er küßte dem Vater die Hand, umarmte Tonino und berichtete dann ohne weitere Vorreden traurig, daß er die Pacht für das Land nicht vergüten könne, weil er, wie schon früher gegenüber dem

Baron erwähnt, nur eine »Marionette« in den Händen Saro Mammolitis sei. Saro aber wolle die Ländereien des Barons übernehmen und so verhindere er die Auszahlung der Pacht; um ihn davon abzuhalten, drohe Saro ihm und seinen Kindern den Tod an. Er brach in Tränen aus, kniete sich vor dem Sessel das Barons nieder und küßte ihm die Hände:

»Herr Baron, überlaßt Saro Eure Ländereien, sonst bringt er mich und meine Kinder um. Ihr wißt doch, was für Menschen das sind, und was die schon wegen dieser Grundstücke alles getan haben. Ich kann nichts dafür, Herr Baron, ich bin ein armer Mensch in all seinem Elend. Saro möchte, daß Ihr wißt: Wenn Ihr ihm die Ländereien nicht überlaßt, bringt er Sie und Ihre Kinder auch noch hier in diesem Hause um.«

Francesco Ventrice weinte unentwegt weiter und küßte die Hände Vaters: Selbst wenn der Baron eine Klage gegen ihn anstrenge, um wieder den Besitz seiner Ländereien zu erhalten, sei das für ihn noch erträglicher als das, was ihm geschehen würde, wenn er ihm die Grundstücke freiwillig zurückgäbe: »Herr Baron; besser ins Gefängnis gehen als sich von den Mammoliti umbringen lassen.«

Nach diesem Besuch Francesco Ventrices nahmen die Schwierigkeiten zu. Zu den gesundheitlichen Beschwerden und den Drohungen der Mafia kamen nun die wirtschaftlichen Probleme. Das Land von Castellace, das den Cordopatri dei Capece seit Jahrhunderten gehörte, wurde von den Mammoliti reklamiert, die sich bereits dreißig Jahre lang die Erträge unter den Nagel gerissen hatten. Ohne übrigens Steuern an den Staat zu zahlen – die zahlten weiter die Cordopatri.

Die Verzweiflung damals, 1967, war ähnlich gewesen wie die an diesem 13. Juni 1991.

Die Denkschrift Toninos konnte für mich zur Hoffnung auf Gerechtigkeit werden, einen dreißig Jahre lang angekündigten Mord aufzuklären, dessen Vorbereitung wir vergeblich bei den zuständigen Behörden gemeldet hatten. Angelica und ich dachten noch eine Weile an jenen schwierigen Moment vor dreißig Jahren; dann entschied ich mich, die Denkschrift Toninos zu holen und sie gemeinsam mit meiner Kusine zu lesen.

Es handelte sich um eine Anzahl handgeschriebener Blätter in einer Schatulle, in der auch ein mit Klebstoff fest verschlossener, großer gelber Umschlag lag. Ich schob den Umschlag erst mal zur Seite: Das waren wohl die Verfügungen Toninos für seine Beerdigung. Auf dem Umschlag stand »Nach meinem Tode zu öffnen«.

Mir war klar, daß ich keine seiner Verfügungen ausführen können würde. Tonino und ich hatten in letzter Zeit ja bereits darüber gesprochen, als der Druck der Mafia nicht nur unsere Gewohnheiten, sondern auch unser Denken und unsere Zukunftsplanung bestimmte. Die Gespräche in unserer Wohnung hatten sich zuletzt nur noch um den Tod gedreht. Tonino und ich hatten unsere Testamente auf Gegenseitigkeit gemacht: Wir wollten alle Toten der Familie in einer einzigen Kapelle vereinen und daher dort begraben werden, wo auch unsere Eltern liegen.

Die Schatulle mit der Denkschrift öffnen bedeutete für mich, dreißig Jahre Gewalt neu zu durchleben. Ich reichte die Blätter an Angelica im Stuhl mir gegenüber weiter und bat sie, vorzulesen: Ich selbst kannte den Inhalt nur zu gut. Schließlich hatte ich die Drohungen und Attentate gemeinsam mit meinem Bruder erlebt, und gemeinsam hatten wir auch beschlossen, der Mafia trotz alledem zu widerstehen. »Das ist alles, was mir geblieben ist von unserem Widerstand gegen die Mafia«, sagte ich bitter, »alles, was geblieben ist vom Glauben an die Justiz und den Anstand der Menschen! Dokumente, die vielleicht gar niemand lesen will. Aber ich muß um jeden Preis Gerechtigkeit für den Tod meines Bruders einfordern. Ich kann nicht zulassen, daß die Mafia und ihre Helfer auch noch aus seinem Tod Vorteile ziehen, und daß der Tod meines Bruders in eine Drohung verwandelt wird für jeden, der sich ihr noch in den Weg stellen möchte.«

Die Denkschrift begann mit den Worten, die üblicherweise auch ein Testament einleiten: »Ich, Antonio Carlo Rizzo Cordopatri dei Capece, geboren in Nicastro in der Provinz Catanzaro am 22. September 1938, wohnhaft in Reggio Calabria, Via d'Annunzio 9, möchte, im Vollbesitz meiner geistigen Kräfte, die folgende Dokumentation über sämtliche Vorgänge mafioser Art hinterlassen ...«

Eine Anzahl von Blättern, vollgeschrieben mit der kleinen, schnörkellosen Handschrift, die ganz dem Charakter Toninos entsprachen: stark, redlich, herzlich. Auf einem dieser Blätter hatte Tonino unter der Überschrift »Botschaften der Mafia« all jene aufgelistet – Politiker, Richter, Verwandte –, die im Laufe von Jahren als »Freunde« zu uns gekommen waren, tatsächlich aber aus Angst oder Berechnung die Mafia unterstützten. Die einen hatten uns persönliche Ratschläge gegeben, um uns zur Übertragung unserer Ländereien an die Mafia zu bewegen, die anderen erwiesen sich als Übermittler von Mafia-Botschaften. Neben jeden der Namen hatte Tonino seinen Kommentar geschrieben. Auf dem letzten Blatt stand:

»Diese von mir handgeschriebene Denkschrift soll meiner Schwester helfen, der öffentlichen Meinung in Italien bekanntzumachen, wie die Mafia in unserem Gebiet arbeitet, welches die unverdächtigen Kanäle sind, die sie mit der Justiz und der Politik verbinden, welcher Menschen sie sich als ihrer persönlichen Kuriere bedient: Menschen, die aufgrund ihrer amtlichen Funktion über jeden Verdacht erhaben scheinen.«

Je weiter Angelica diese Blätter vorlas, um so klarer wurde uns, daß diese Zeilen die nackte Wahrheit über den Filz aus Justiz, Mafia und Politik enthielten und über das Verhalten der Menschen, die mit ihrer Unterstützung den Aufstieg der Mafia begünstigt hatten. Eine Wahrheit, mit der man sich allerdings nur schwer abfinden konnte. Die Denkschrift war eine Bombe. Angelica fürchtete, daß jemand von denen, die Tonino erwähnt hatte, davon erfahren und mir etwas antun könnte, um mich an der Weitergabe an die Strafverfolgungsbehörden zu hindern. Sie fragte mich, was ich zu tun gedachte.

Ich sagte, daß ich die Denkschrift trotz des gewissen Vertrauens, das Dr. Pedrone in mir nun gegenüber der Justiz und den Ordnungskräften geweckt hatte, niemandem aushändigen würde: Ich fürchtete, daß sie, einmal im Gericht von Reggio Calabria angekommen, dasselbe Schicksal erleiden würde wie viele andere »unbequeme Akten«: Die gingen immer mal wieder verloren, um die Verfahren entsprechend zu verzögern. Auch die Denkschrift könnte »verlorengehen«, nie wieder gefunden werden.

Ich wußte, wo ich das »Memoriale« zu Hause aufheben konnte. Ich würde es dann jenem Richter aushändigen, der im Prozeß gegen die Mammoliti den Vorsitz hat.

Auf Angelicas Vorschlag öffneten wir nun doch auch den gelben Umschlag. Darin fand sich nun nicht, wie ich gedacht hatte, den letzten Wunsch Toninos, sondern der Bericht über einen bösen Verdacht, der Tonino die letzten Monate seines Lebens vergällt hatte. Ich las das Schriftstück wieder und wieder durch. Was da herauskam, war so schwerwiegend, daß ich nun auch noch meine Kusine bat vorzulesen, was da stand.

Tonino erklärte mir in diesem Brief, warum er mich zum erstenmal in unserem Leben nicht über einen Vorfall informiert hatte, der unser beider Leben betraf – er hatte aus großer Liebe zu mir geschwiegen, in der Hoffnung, mich dadurch schützen zu können. Unser Plan, im Ausland ein neues Leben aufzubauen, sei den Mammoliti bereits bekannt: Wir hatten uns vorgenommen, die Bäume von Castellace zu fällen. Da die Mammoliti das nun erfahren hatten, werde er, Tonino, mit seinem Leben für seine Rebellion bezahlen; ich aber müsse weiterleben. Unser Schicksal werde sich nun trennen.

Der einzige, der alles über den Plan wußte, war unser Anwalt, er alleine kannte unser Geheimnis; er hat es wohl verraten – das vermutete Tonino jedenfalls aufgrund der ausdrücklichen Warnung der Mafia: »Wenn ihr nur einen einzigen Zweig eines Olivenhains abschneidet, bist du tot.« Niemals hatte man zuvor davon gesprochen, die Bäume zu fällen. Der Plan stammte aus den letzten Monaten. Als wir uns darüber klar wurden, daß wir keinerlei Nutzen mehr aus den Olivenbäumen ziehen konnten, wollten wir uns mit dem Erlös aus dem Verkauf des Holzes im Ausland einrichten und hofften, daß so auch mit der Mafia endlich Schluß sei. Der Anwalt hatte wohl über all das mit den Mammoliti gesprochen; die ausdrückliche Warnung war dann die tragische Bestätigung dafür.

Ich war zutiefst bestürzt. Ausgerechnet der Mann, dem wir das allergrößte Vertrauen entgegengebracht hatten, sollte uns verraten haben! Warum nur? fragte ich mich. Allerdings erschien mir nun auch das sonstige Verhalten dieses Anwalts in einem neuen Licht. Ich überlegte, welchen Hintergrund wohl die Vorschläge hatten, die mir der Mann wenige Stunden nach dem Tod meines Bruders gemacht hat, noch vor dem Begräbnis.

Er hatte von mir eine Generalvollmacht zur Leitung aller Güter der Cordopatri erbeten sowie die Adoption seines Sohnes vorgeschlagen, und all das müsse sofort geschehen. Um die Adoption wollte er sich mit Hilfe eines befreundeten Notars kümmern. Am nächsten Tag sollten wir schon zu diesem Notar hinfliegen; er wolle ihn schon vorverständigen, so daß die gesamte Prozedur innerhalb weniger Stunden geschehen könne. Mit der Justiz, so sein Rat, solle ich nicht zusammenarbeiten; er tadelte auch, daß ich bei der Gegenüberstellung den Killer identifiziert hatte: das nämlich bringe mein Leben noch mehr in Gefahr. Ich müsse Reggio Calabria sofort verlassen, und zwar für immer. Um den Verkauf aller Liegenschaften werde er sich kümmern. Meine neue Anschrift dürfe auch nur ihm alleine bekannt sein; ich solle keine Telefonanrufe entgegennehmen, niemanden empfangen, die Fensterläden auch tagsüber geschlossen halten. Vor allem aber dürfe ich nichts unternehmen, was nicht mit ihm abgesprochen sei – dies alles, so der Anwalt, zu meinem Schutz. Er alleine sei imstande, mir das rechte Verhalten anzuraten – schließlich kenne er das Ambiente von Piana di Gioia Tauro und wisse, was man tun müsse, um seine Haut zu retten. Auch die Zusammenarbeit mit den Carabinieri müsse jeweils zuerst er abwägen.

Nach der Lektüre des Briefes aus dem gelben Umschlag glaubte ich, was Tonino geschrieben hatte: Der Anwalt hatte uns wohl verraten. So fürchtete ich erneut um mein Leben.

Nach der Verweigerung der Adoption seines Sohnes hatte er geraten, ihm selbst testamentarisch alles zu überschreiben. Er jagte mir allerhand Angst ein: Da mein Leben in Gefahr war, bestand durchaus die Möglichkeit, daß die Ländereien von Castellace nach meinem Tod ausgerechnet an die Mafia verkauft werden. Er, der Anwalt, als Erbe, schwöre mir, daß er die Ländereien auf gar keinen Fall an die Mammoliti übergeben werde. So hatte ich in diesem Punkt nachgegeben.

Wieder einmal sah ich mein Vertrauen und meine Offenheit verraten. Daß wir uns auf diesen Anwalt eingelassen hatten, hing auch mit der gesellschaftlichen Isolierung zusammen, in die unsere Familie aufgrund unseres Widerstands gegen die Mafia geraten war.

Als die ganze Geschichte mit der Mafia begann, hatten die Bosse ja noch mehrere Ansprechpartner: die Brüder Ottorino und Domenico Cordopatri (mein Vater), dazu meine Brüder,

Francesco und Tonino. Das Schicksal verkleinerte die Front gegenüber der Mafia: Ottorino starb und ein halbes Jahr danach sein Bruder Domenico; ein paar Jahre später verließ uns auch noch Francesco: Nun war Antonio Carlo Rizzo der einzige Erbe der Ländereien von Castellace, wodurch er zum einzigen Angriffsziel der Mammoliti wurde. Doch Tonino hielt sich an den Schwur, den er Vater auf dem Sterbebett geleistet hatte; und er war auch fest entschlossen, die Ländereien selbst zu bestellen. Wie seine Vorfahren fühlte auch er sein Leben mit dieser Erde und den Olivenbäumen verbunden.

Da Tonino sich als unbeugsam erwies und alle Vorschläge zur »Einigung« abschmetterte, fanden wir bald in ganz Reggio Calabria keinen Anwalt mehr, der unsere Angelegenheiten betreuen wollte. Und so nahmen wir denn die Hilfe dieses Advokaten nur zu gerne an.

Es war tiefe Nacht geworden; ich hatte bei all den Gesprächen über die Schwierigkeiten unserer Familie in den vergangenen Jahren die Zeit völlig vergessen. Der fröhliche Lärm der letzten Sommertage von draußen war den gedämpften Geräuschen der Nacht gewichen. Durch die halb heruntergelassenen Balkonläden vor dem Eßzimmer, in dem wir mit unseren Erinnerungen saßen, trieb der Wind ab und zu den Geruch der Algen herein und ein paar Töne der Musik, die den jungen Leuten aus Reggio den letzten Zauber des Septembers schenkte.

Das Haus lag in der Stille der Nacht; nur das Knarren der antiken Möbel und jene kaum erkennbaren Geräusche, die leere Zimmer wie eine Art müden Atem beleben, waren zu hören. Die Sessel um die große Tafel waren leer, alle Menschen seit langem tot, niemand hatte ihren Platz eingenommen.

Eine Nacht voll trauriger Erinnerungen; ich blickte auf den Platz, wo Mutter einst saß, streichelte mit den Augen die Kinderstühle, auf denen einst ihre Brüder hockten, und den Sessel ihres Vaters am Kopfende. Dann wanderten meine Gedanken nach Nicastro, in das große Haus von Nicastro, wo in jedem Raum die Heiterkeit dominierte, in dem die Enkel der Baronin Teresa alle herumgetollt hatten. Die Großmutter hatte sie immer wieder gestreichelt und bei den Streichen der Kleinen mitgemacht. Jenes Haus, in dem die Kinder und die Enkel der Baronin Teresa d’Ippolito geboren wurden. Oft hatte Großmutter mit ihren langen, schlanken Fingern Klavier gespielt; die Zimmer waren dann erfüllt von den heiteren Klängen des Wiener Walzers.

Auch Tonino war in Nicastro geboren.

7

Weihnachten im Hause Cordopatri

Die Geburt Tonino Cordopatris bedeutete für die Familie d'Ippolito eine kleine Unterbrechung des großen Schmerzes, der den Palazzo von Nicastro erfüllt hatte, als Großvater Carlo im Juli 1938 starb; ein Gehirnschlag hatte ihn innerhalb weniger Tage hinweggerafft. Großmutter verfiel in schwere Depressionen. Erstaunlich für jene Zeiten, in denen die Liebe hinter wirtschaftlichen und gesellschaftlichen Vorteilen zurückzustehen hatte, hatten sie ihre Ehe ausschließlich aufgrund ihrer Liebe zueinander geschlossen. Komteß Teresa de Napoli war eine wunderschöne junge Frau mit elegantem Auftreten, großen schwarzen Augen, einem kupfernen Schimmer auf den Haaren und einer Haut wie Elfenbein. Der junge Baron Carlo hatte sich sofort in sie verliebt, als sie einander zum erstenmal im Theater von Neapel begegnet waren.

Teresa war sogleich mit der Werbung des Barons einverstanden; ihr gefiel die unbefangene Galanterie des jungen Mannes und seine freundliche Art. 1895 heirateten die beiden und zogen in den Palazzo von Nicastro. Die Liebe und die gegenseitige Hochachtung des Ehepaares war für uns alle ein nachahmenswertes Vorbild.

Baron Carlo hatte bereits vor seiner Heirat eine erfolgreiche politische Karriere eingeschlagen. Seit er mit der schönen Teresa verheiratet war, scherzte er immer mit kaum verhülltem Stolz: Wenn er mit seiner Frau ins italienische Parlament gehe, habe er keine politischen Feinde mehr – alle seien vom Anblick ihrer majestätischen Schönheit ergriffen und verhielten sich dann auch ihm gegenüber äußerst freundlich und zuvorkommend.

Die Monate nach dem Tod ihres Mannes waren für die Baronin voller Schmerz und Trauer. Als dann jedoch an jenem warmen Septembertag ihr Enkel Antonio Carlo nach einer schweren

Geburt zur Welt kam, fühlte die Großmutter schon nach seinen ersten Tönen eine Art neuen Lebenswillen in sich; sie beschloß, sich persönlich seiner anzunehmen. Voller Liebe überwachte sie die Erziehung ihres Enkels. Sie betreute auch die Güter der Familie: Wegen seines politischen Engagements war ihr Mann oft weit weg von Nicastro gewesen, und so hatte sie die Geschäfte schon immer alleine geführt.

Sie war es, die Tonino die ersten Worte beibrachte, die ihm die Hand bei seinen ersten Schritten führte, die ihn Schreiben lehrte. Die Beziehung zwischen der Großmutter und dem Enkel wurde immer wichtiger; Tonino fand bei der Großmutter Liebe und Hilfe zur Befriedigung all seiner Wünsche.

So hatte die Geburt des Kindes an jenem ersten Weihnachten ohne Baron Carlo Freude und Fröhlichkeit geschaffen. Die Tönchen Antonio Carlos zogen die Aufmerksamkeit und die Sorge aller im Palazzo d'Ippolito auf sich; das Gesicht der Baronin zeigte erstmals wieder ein Lächeln.

Neuen Anlaß zur Freude bewirkte Tonino wenige Monate später erneut anläßlich seiner Taufe im Hause der Großmutter. Die Baronin war noch in Trauer, weshalb die Zeremonie im privaten Kreis stattfand, in der Kapelle des Palazzo; doch es war immerhin eine Gelegenheit, bei der alle Verwandten der Cordopatri und der d'Ippolito vereint waren und auf eine glückliche Zukunft des Kindes tranken. Der Taufpate Ingenieur Ottorino, der Bruder meines Vaters, schenkte seinem Neffen nach altem Brauch einen wertvollen Goldring, auf dessen Onyxplatte das von Brillanten und einem Rubin gesäumte Familienwappen eingraviert war.

Alle Verwandten fühlten sich diesem Kind besonders verbunden, hatte es doch in dieses Haus wieder etwas Frohsinn zurückgebracht. Tonino streckte seine Händchen jedem entgegen, der ihm nahe kam. Die großen schwarzen Augen lachten schon, bevor er den Mund verzog; auch aus diesem Grund herzten ihn alle. Als Tonino heranwuchs, verstärkte sich die Verbindung zu seiner Großmutter noch mehr; Teresa d'Ippolito fand immer Zeit für ihn und hatte immer Lust, mit ihm zu kichern. Sie erfand wunderbare Märchen für ihn, sang ihm am Abend Wiegenlieder, wenn sie in sein Zimmer kam, ihm die Decke zurechtrückte und den Gutenachtkuß gab. Tonino sagte immer, er habe zwei Mütter;

wobei die eine davon, die Großmutter, die verständnisvollere sei und auch mehr erlaube. Nach jedem Lausbubenstreich flüchtete er sich ins Zimmer der Oma und in ihre Arme; da fand er dann Schutz vor dem Tadel der Gouvernante oder der Eltern. Das Leben im Palazzo d'Ippolito lief damals ruhig dahin; es schützte alle Enkel der Baronin Teresa vor den Unbillen des Krieges.

Vater zog in den Krieg nach Albanien; doch Tonino war noch zu klein, um unter der Abwesenheit des Vaters zu leiden. Oma und Mutter streichelten und kosten ihn ja auch unentwegt, so daß es ihn gar nicht belastete, wenn er nun nicht mehr wie vorher mit dem Vater im Innenhof des Palazzo Ball spielen konnte.

So in engster Verbindung zu seiner Familie aufgewachsen, fiel es ihm sehr schwer, aufs Kolleg zu gehen; er wollte zuerst gar nicht gehorchen. In einem Brief bat er seine Großmutter, doch beim Vater zu intervenieren, damit dieser ihm das Studieren zu Hause erlaubte. Das Leben im Kolleg war für ihn sehr schwierig, am Ende seiner Ferien hoffte er jedesmal, zu Hause bei der Familie bleiben zu können.

Tonino fühlte denn auch zum erstenmal in seinem jungen Leben so richtigen Schmerz, als Großmutter Teresa starb.

Das geschah 1951. Tonino war zwölf Jahre alt und wußte nicht so recht, was das Wort Tod eigentlich bedeutete. Als man die Großmutter in einem dunklen Holzsarg mit Silberbeschlag wegbrachte, war ihm noch gar nicht klar, was das alles sollte. Er verstand es erst, als der Sessel der Großmutter leer blieb und er nicht mehr abends an ihrem Schlafzimmer anklopfen, ihr die Hand küssen und von ihr einen Kuß auf die Stirn empfangen konnte. Nachts weinte er in seinem Bett. Ein Abschnitt in seinem Leben war zu Ende. Er fühlte sich allein. Tod bedeutet Einsamkeit.

Zum erstenmal war er nun froh, ins Kolleg zurückzukehren. Der Aufenthalt in diesem Haus gefiel ihm nicht mehr: Alles erinnerte an seine Oma. Einige Monate nach dem Tod der Baronin Teresa teilte sich die Familie d'Ippolito auf. Die Sprößlinge der Baronin verließen den Palazzo in Nicastro und zogen weg. Der Zauber war vorbei, die Großmutter hatte die Magie der Ausgewogenheit mit sich ins Grab genommen; jene Ausgewogenheit, die es den vier Kindern der schönen Baronin Teresa ermöglicht hatte, mit ihren Familien in dem großen Palazzo zusammenzuleben. Die große Tafel im Eßzimmer, wo sich jeden Tag sechzehn Personen zweimal zu Tisch trafen, sollte nie mehr mit den feingestickten Leinentüchern gedeckt werden.

Vater und wir zogen nach Reggio Calabria in den Palazzo der Cordopatri in der Via d'Annunzio 9.

Tonino fühlte sich in Reggio wohl. Vater erlaubte ihm den Besuch öffentlicher Schulen, was für ihn eine wichtige Erfahrung darstellte. Heiter und aufgeschlossen wie er war, schloß er mit fast allen Klassenkameraden Freundschaft und lud sie regelmäßig nach Hause ein, zum Schulaufgaben Machen und zur Brotzeit. Von uns drei Geschwistern war er der geselligste und verhätscheltste. Mit seiner großen Empfindsamkeit erkannte er jede noch so kleine Veränderung der Stimmung in der Familie und war auch sofort darauf aus, mit tausenderlei Fragen den Grund dafür herauszufinden. Nur wenn er an die Oma von Nicastro dachte, wurde er mitunter traurig. Er sprach oft über diese Zeit mit mir, die ich sechs Jahre älter war als er.

Tonino war ein sehr lebhafter, dem Leben gegenüber aufgeschlossener Junge. Über alles diskutierte er mit mir. So schloß ich mit meiner Bereitschaft zum Zuhören und meiner Zuneigung zu ihm langsam die Lücke, die seine Großmutter hinterlassen hatte. Ich wurde zu seiner neuen Vertrauten; mir erzählte er seine kleinen Geheimnisse, erbat meine Hilfe, wenn er die Schule geschwänzt hatte, mir gestand er auch seine erste Liebe. Meist begleitete er den Vater auf die Felder: Da er ja die öffentliche Schule besuchte, lebte er zu Hause bei der Familie, im Unterschied zu uns beiden anderen.

In seiner Freizeit pflegte Tonino vor allem zwei große Interessen: das Landleben und das Meer. Aus diesem Ambiente stammten denn auch die Pläne für seine Zukunft. Er träumte von einem eigenen Schiff, mit dem er die Welt kennenlernte konnte. Den Winter über waren die Ölpflanzungen von Castellace sein Hauptbetätigungsfeld. Als einziger in der Familie war er sofort einverstanden gewesen, aufs Land umzuziehen, Weihnachten dort zu verbringen und bis zur Ernte dort zu bleiben. In dem Haus, das Vater zwischen den Olivenbäumen hatte, verfestigte sich Toninos Liebe zum Land.

Erinnerungen an Weihnachten waren für Tonino aber nur selten mit Freude und Heiterkeit verbunden; nahezu immer gab es Leid und Trauer. Das begann schon an Weihnachten 1950, als Großmutter Teresas Herzkrankheit sich verschlimmerte; kurz nach Heiligedreikönige starb sie.

Weihnachten in Castellace bedeuteten auch für Mutter meist allerhand Ungemütlichkeiten – auf dem Land gab es ja nicht den Komfort aus dem bequem eingerichteten Haus von Reggio Calabria. So erinnerte man sich bei diesen Festen am Kamin eben an jene prunkvollen Feiern in Nicastro und später in Reggio. Unser Bruder Franco litt sehr unter der Kälte und kam nur widerwillig ins Landhaus mit; dort angekommen, setzte er alles daran, bald wieder in die Stadt zurückzukehren, wo ihn Freunde und Feste erwarteten. Weihnachten 1964 lag dann unsere Mutter bereits mit Metastasen im Bett. Sie starb am 26. Januar 1965.

Mit ihrem Tod endete für uns Heranwachsende die Unbeschwertheit der Jugend. Drei Tage nach dem Tod seiner Frau zwang der Gehirnschlag Vater für den Rest seines Lebens in den Rollstuhl. Weihnachten war nun nur noch Anlaß zur Traurigkeit. Als Franco arbeitsbedingt nach Florenz umzog, verlor das Haus in Reggio Calabria auch noch den letzten Hauch Fröhlichkeit, war er es doch gewesen, der gerne Freunde empfangen und jeden Anlaß zum Feiern genutzt hatte. Da erstrahlte das Haus dann in hellem Licht, war die Tafel festlich hergerichtet. Seine Fröhlichkeit steckte an, seine Lebensfreude verscheuchte die Schatten der Trauer aus den Räumen, sein Optimismus ließ alle glauben, daß all die Belastungen nur von kurzer Dauer seien.

Franco glaubte immer an ein besseres Morgen, da war er sich ganz sicher. Und so machte seine ewig gute Laune selbst Vater froh, trotz der großen Probleme.

Der Reigen trauriger Ereignisse setzte sich 1983 fort, als Vater während des Festmahls Übelkeit verspürte: Er starb am 26. Januar 1984. So blieben nur noch Tonino und ich in dem großen Hause zurück und durchlebten die Trauer, die Einsamkeit, die Mafia, die wirtschaftlichen Schwierigkeiten.

Weihnachten 1989 waren wir drei Geschwister zum letztenmal beisammen, in Francos Wohnung in Florenz. Mein Bruder war wegen eines Lungentumors bereits todkrank ans Bett gefesselt. Er starb am 3. Januar 1990.

Das letzte Weihnachten, das wir beide alleine miteinander verlebten, war dann 1990. Beim Abendessen überfielen uns die traurigen Erinnerungen an all jene Lieben, die just während dieser Feiern gestorben waren.

Mir kamen immer wieder die Tränen; dann eilte ich schnell in die Küche, damit mein Bruder nichts davon merken sollte. Als es mir etwas besserging, kam ich zurück – und fand nun meinen Bruder mit tränennassen Augen vor; er suchte sie schnell noch vor meiner Rückkehr abzuwischen.

Wir brachen das Festmahl ab, jeder ging in sein Zimmer: Die Traurigkeit war nicht mehr vor einander zu verbergen.

Ein paar Tage zuvor hatten wir die Weihnachtswünsche der Mafia erhalten:

»Eßt nur, es ist das letzte Weihnachten, an dem ihr Gebäck essen könnt, danach werdet ihr ins Gras beißen.«

Am 10. Juli 1991 hielt die Mafia Wort; Tonino Cordopatri wurde umgebracht, und ich blieb am Leben, weil die Pistole Ladehemmung hatte.

Tonino hatte regelmäßig zum Weihnachtsfest den Armen der Stadt Gebäck gebracht; seit seiner Jugend hatte er sich jeden 23. Dezember mit Paketen voller Nahrungsmittel, Kleidung und Geschenken für die Kinder in die Wohnungen Mittelloser aufgemacht.

Diese Tradition hielt er aufrecht, auch wenn er sich dafür selbst einschränken mußte, als die wirtschaftlichen Probleme die Familie zur Aufgabe manchen Komforts zwangen. Ich werde diese Tradition aufrechterhalten, auch wenn ich nun alleine bin: Tonino hatte mich just während des letzten miteinander verbrachten Weihnachtsfestes darum gebeten. In der Rückschau auf dieses Fest erkannte ich bitter: Nicht nur die Fröhlichkeit von Weihnachten war in meinem Hause nun vorbei, es würde überhaupt keinen Frohsinn mehr geben in meinem Leben.

Schwierigkeiten, Opfer, Verzicht hatten meine Vergangenheit schon immer gekennzeichnet. Doch da war Tonino noch bei mir, und das verschaffte mir noch den Glauben an etwas: an eine Zukunft, die man zusammen mit Cristina, der Gefährtin Toninos, verbringen konnte.

Mein Leben war ziemlich genau andersherum gelaufen als das

in dem Märchen, das die Großmutter uns Enkeln erzählt hatte: Wenn ein Kind geboren wurde, wachten drei Feen über seiner Wiege und schenkten ihm Heiterkeit, Reichtum und Glück. Drei Magier versperrten mit mächtigen Riegeln die Haustür, damit die bösen Gnome nicht eindringen und am Bett die Zeichen des Schmerzes für das gesamte Leben des Kindes anbringen konnten.

Offenbar hatten die Magier bei meiner Geburt die Riegel zu schließen vergessen, und ein tragisches Versehen hatte auch die drei Feen von meiner Wiege ferngehalten. In meinem Leben hatte es weder Heiterkeit, noch Reichtum, noch Glück gegeben. Doch immerhin war Tonino neben mir gewesen. Morgens saßen wir beim Kaffee, redeten und lachten miteinander; und am Abend schmiedete man in der Küche beim Abendessen Pläne. Das war noch Leben gewesen. Doch nun, nachdem Tonino im Auto tot zusammengebrochen war, würde es überhaupt keine Weihnachten mehr geben, weder fröhliche noch traurige. Meine Zukunft ist mit meinem Bruder verschwunden.

Und dennoch: Welchen Sinn hätte mein Leben überhaupt noch gehabt, wenn nun auch ich nicht mehr mit den Behörden zusammenarbeiten würde? Es wird mit Sicherheit mein letzter Einsatz sein, bevor ich mich zu meinem Bruder und meiner ganzen Familie gesellen werde. Obwohl meine Zweifel an der Qualität der Justiz in Reggio Calabria noch immer groß waren, ich mich bei ihr nicht sonderlich sicher fühlte.

Doch für Zweifel war keine Zeit mehr. Sie könnten auch mich umbringen, bevor ich auch nur ein Wort gegenüber einem Staatsanwalt oder Richter von mir gegeben hätte, bevor ich die Wahrheit über dreißig Jahre Leidensweg aussprechen konnte, den die Mafia über uns verhängt hatte, die Wahrheit über den Tod meines Bruders: Alles würde dann erneut unter einem Berg von Lügen, Intrigen, Verleumdungen begraben. Ich durfte nicht zulassen, daß gerade die Mafia meine Familie und die viele Jahrhunderte lange ruhmreiche Geschichte unseres Namens im düsteren Zusammenspiel mit der Politik, der Justiz und der Polizei verscharren würde. Mein Bruder lag tot in seinem Auto in einer Blutlache. Mir war, als würde er mich, die ich alles wußte, auffordern, alles zu sagen.

Ich würde mit den Behörden zusammenarbeiten.

Francesco Saverio Rizio Cordopatri dei Capece

Tonino Cordopatri

Der sechsjährige Tonino

8

Friede unter Olivenbäumen

Als ich meinen Bruder im Auto liegen, das Blut aus seinem Mund rinnen sah, blieb etwas in mir stehen, brach auf dem Bürgersteig neben dem Wagen meines Bruders zusammen. Das Kreuzfeuer der Fragen von Carabinieri und Polizei begann: Wer hat das gesehen? Wer war hier am Platz? Penetrant wiederholte Fragen: Es schien mir alles so unangebracht; Wut und Schmerz überwältigten mich. Fragen, Wissen, Forderungen. Was nützt das jetzt noch? Tonino ist tot! Antworten hatten wir erbeten, als sie noch genützt hätten; nun haben sie keinen Sinn mehr. Die Fragen tragen den bitteren Geschmack meiner Tränen. Die Antwort auf diese Fragen war der Tod meines Bruders.

Dennoch: Die dreißig Jahre Fragen ohne Antworten standen unversehens auf meinen Lippen, wie der Schaum bei rasenden Pferden; ich überfiel damit die Polizisten, die da neben meinem toten Bruder knieten. Tonino war von den Kugeln eines Killers getötet worden, der seine Waffe in einer grünlichen Tüte verborgen hatte und seit sieben Uhr morgens in der Frühsonne vor dem Tor unseres Patrizierhauses gewartet hatte. Staatsanwalt Pedone kam am Tatort an; es gelang ihm, einen Moment, die Mauer aus Schmerz in mir zu durchdringen. Ein kleiner Spalt in einer Mauer aus Feindseligkeit. Er fand die rechten Worte, die Angst einzudämmen, die meinen Körper in ständiges Zucken versetzen. Er bot mir Solidarität an, versprach mir Gerechtigkeit.

So stieg ich denn um 13 Uhr die Treppen zur Carabinieri-Station in der Via Aschenez zu Reggio Calabria hinauf. Staatsanwalt Pedone und Hauptmann Paschetta hören meine ersten Erklärungen an. Einige Tage später ging Hauptmann Paschetta in Urlaub und benannte Feldwebel Paturso als Mann seines Vertrauens, an den ich mich in allen Fragen wenden könne.

Bevor der Leichenwagen den Körper Toninos fortbrachte,

händigte man mir die persönlichen Gegenstände aus, die man bei ihm gefunden hatte. Ich legte alles auf die kleine Kommode in seinem Schlafzimmer, genauso wie er es normalerweise getan hat. Ein paar Tage danach bemerkte ich, daß bei den zurückgegebenen Dingen die Hausschlüssel fehlten; ich rief Feldwebel Paturso an; der entschuldigte sich für das Versehen. Die Schlüssel habe er selbst, er werde sie mir in ein paar Stunden vorbeibringen. Auf die Idee, die Schlösser auszuwechseln oder andere Vorsichtsmaßnahmen zu ergreifen, kam ich nicht: Ich war mir sicher, daß die Schlüssel bei den Carabinieri in guten Händen waren.

Nachdem ich die Denkschrift des Bruders gelesen und den Inhalt des gelben Umschlags zur Kenntnis genommen hatte, beschloß ich, alle Zweifel und alles Zögern hinsichtlich der Zusammenarbeit mit der Polizei beiseite zu schieben. Als ich hörte, daß Hauptmann Paschetta und Staatsanwalt Pedone aus dem Urlaub zurück waren, begab ich mich zusammen mit Kusine Angelica zu den Carabinieri und zum Gericht.

Meine Mitarbeit war präzise, für alles hatte ich Dokumente. Sämtliche Erinnerungen an die Schwierigkeiten, die unsere Familie mit der Mafia gehabt hatte, versah ich mit zahlreichen Beispielen und Hintergründen. Daraus entstand dann die Carabinieri-Operation mit dem Codenamen »Friede unter Olivenbäumen«.

Ich beantragte beim Hauptmann Paschetta, auf meine Ländereien fahren zu dürfen. Davon brachten mich die Beamten jedoch mit der Begründung ab, derlei könne den Clan Mammoliti aufschrecken und damit die laufenden Ermittlungen beeinträchtigen. Ich fand diesen Rat einleuchtend; schließlich war die wichtigste Sache für mich im Augenblick, den Tod meines Bruders aufzuklären; alles andere sollte danach kommen.

Währenddessen geschahen jedoch merkwürdige Dinge im Palazzo an der Via d'Annunzio. Obwohl ich mir sicher war, das Einfahrtstor immer gut verschlossen zu haben, fand ich es wiederholt offen; dasselbe geschah mit der inneren Haustür, die zu meinem Appartement führt. Ich ergriff Vorsichtsmaßnahmen: Auch wenn ich im Haus war, schloß ich die beiden Türen mit mehreren Schlössern ab und legte innen eine Querstange vor. Mehrere Male hörte ich, wie jemand von außen mit einem Schlüssel die Tür zu öffnen versuchte, was die Querstangen aber verhinderten. Nachts klingelte das Telefon: Eine Stimme kündigte mir ein schlimmes Ende an, wenn ich weiter mit den Behörden zusammenarbeitete: Wir schneiden Ihnen die Zunge ab, wir stechen Ihnen die Augen aus.

Eines Abends gelang es jemandem, das Tor mit einem Schlüssel zu öffnen und auch die Tür zum Apartment, doch als er eintreten wollte, stand er meinem Neffen Giuseppe gegenüber, der ihm den Zugang verwehrte, ihn die Treppen hinabjagte und die Tür abschloß. Der Mann war laut Giuseppe jung und nicht sonderlich großgewachsen, hatte schwarze Locken, trug eine schwarze Lederjacke und am Handgelenk eine Swatch-Uhr. Hatte sich jemand Nachschlüssel verschafft? Ich fand keine Ruhe mehr, zog noch am selben Abend ins Haus meiner Kusine Angelica. Das Schloß wurde nun ausgewechselt – um ein paar Tage danach erneut umgetauscht zu werden, weil ein halb abgebrochener Schlüssel darinsteckte, den wohl jemand mit allzuviel Gewalt herumgedreht hatte: Wahrscheinlich hatte er in Unkenntnis des neuen Schlosses den alten Schlüssel zu verwenden gesucht. Mein Leben war nun eindeutig in Gefahr. Eine Polizeieskorte bewachte mich nun im Antiquitätengeschäft und begleitete mich am Tag überall hin.

Alles sehr schwierig für eine Frau, die einen Staat um Wahrheit angeht. Ein Karussell, ein Kaleidoskop von Lichtblitzen und Wahrheitsfetzen. Ich hatte geglaubt, daß es nur eine einzige Wahrheit gebe! Die nämlich, daß mein Bruder von der Hand eines Killers getötet worden war.

Fernsehen und Rundfunk verkündeten am 31. August 1992 den Abschluß der brillanten Carabinieri-Operation unter dem Decknamen »Friede unter Olivenbäumen«: Clanchef Saverio (Saro) Mammoliti und fünfunddreißig seiner Gefolgsleute wurden verhaftet. Unter den Festgenommenen waren auch drei Frauen: Caterina Nava, die Frau des Clanbosses Saverio, Clara Rugolo, die Frau von Antonio Mammoliti, eines Bruders des Clanchefs, und Mariarosa, die Schwester Saverios und Frau von Vincenzo Mammoliti, eines Vetters des Bosses. Auch Francesco Ventrice – jener Mann, der uns vor drei Jahrzehnten die erste Botschaft der Mafia überbracht hatte, wurde verhaftet: Recherchen in den Banken hatten ergeben, daß mehrere Konten auf seinen

Namen liefen; seine Umsätze beliefen sich auf sieben Milliarden Lire jährlich (umgerechnet damals etwa sieben Millionen DM, d. Ü.). Ventrice brachte sich – angeblich – selbst im Gefängnis um, noch ehe er vom Staatsanwalt verhört werden konnte; er hinterließ einen Brief an seine Söhne, der ihnen ein ruhiges Leben im Dorf garantieren sollte: Mit seinem Schreiben suchte er die mafiosen Machenschaften zu retten; er betonte auch, daß die Mammoliti nichts mit dem Tod des Barons Cordopatri zu schaffen hätten. Ein recht »bequemer« Selbstmord also.

Killer Salvatore Larosa wurde in erster Instanz zu lebenslänglich verurteilt. Die Carabinieri hatten herausgefunden, daß er mit Francesco Mammoliti in Verbindung stand, und daß der SEAT Ibiza, den er nach dem Mord wegschaffen sollte, Claudio Palamara gehörte, einem Freund von Larosa, der ebenfalls in Parghelia wohnte. Der Zeuge Domenico Aricò hatte einem Verwandten aus dem Polizeipräsidium erzählt, er habe den Ibiza in der Via Marina gesehen und erinnere sich sogar an das Kennzeichen; der Verwandte zwang ihn zur Aussage vor Gericht, doch während des Prozesses befiel Aricò plötzlich eine Amnesie, und er erinnerte sich an alles nur noch höchst ungenau.

Das Erscheinungsbild von Claudio Palamara entsprach der Beschreibung, die Tonino und ich nach dem fehlgegangenen Attentat vom 20. Oktober 1990 vom damaligen Täter gegeben hatten. Doch bei einer Gegenüberstellung nach amerikanischer Art (mehrere gleich gekleidete Personen werden vorgeführt, d. Ü.) konnte ich Palamara nicht als den Mann identifizieren, der damals die Pistole auf mich gerichtet hatte; daher wurde er auch nicht wegen Mordversuchs angeklagt. Nach dieser Entscheidung durfte er als freier Mann nach Parghelia zurückkehren; ein Jahr später wurde er umgebracht, durch einem Schuß in den Mund.

Salvatore Larosa, der Mörder Toninos, erklärte seine Anwesenheit in Reggio Calabria als reine Spazierfahrt zum Einkaufen; allerdings hatte er, wie sich erwies, keinerlei Geld dafür bei sich. Außerdem sei er ohne Begleitung gekommen und zwar mit dem Zug. Im Revisionsverfahren wurde seine Strafe auf fünfundzwanzig Jahre heruntergesetzt. Der Generalstaatsanwalt verzichtete auf eine erneute Revision beim Kassationsgericht (entspricht unserem Bundesgerichtshof, d. Ü.).

Mit meinen Erklärungen wurde ich zunehmend unbequem für alle; man mußte mich daher auf alle erdenkliche Art diskreditieren und zum Schweigen bringen. Ich sollte bezahlen: gegenüber der Mafia, weil ich die Mauer des Schweigens, der Omertà, aufgebrochen hatte; und gegenüber dem Staat, weil ich Aufklärung über die Personen gefordert hatte, die die entsprechenden Ämter besetzten.

Da Angelica und ich die Wahrheit kannten, beschlossen wir, keinerlei Verleumdung auf uns sitzen zu lassen. Wir wohnten daher auch jeder Sitzung in diesem Prozeß persönlich bei.

Der Anwalt, der die Nebenklage vertrat, beendete sein Plädoyer mit dem Hinweis, daß er kein Interesse an der Verurteilung des Angeklagten Salvatore Larosa habe, was wiederum den Beifall der Verteidigung hervorrief. Nach seinem Plädoyer begab er sich zu den eisenvergitterten Plätzen der Angeklagten und fragte Larosa, ob alles in Ordnung sei.

Inzwischen bedrohten Steuereintreiber meine Ruhe, bedrängten mich mit Pfändungen. Die Firma SOGEM, die in Reggio Calabria die Steuern eintreibt (in Italien wird die Steuer oft an Privatunternehmen verpachtet, d. Ü.), verlangte vordatierte Schecks zur Absicherung meiner Schulden an den Staat. Ich mußte dieser Forderung nachkommen; nur so konnte ich wenigstens für den Augenblick die schwierige steuerliche Lage meistern.

Meine einzige Einkommensquelle war das Antiquitätengeschäft, doch das sahen nun viele Kunden schon aufgrund der Anwesenheit der Polizeieskorte als gefährlichen Ort an und blieben deshalb weg. So wurden die wirtschaftlichen Schwierigkeiten allmählich unerträglich. Angelica und ich beschlossen, einige Schmuckstücke aus dem Familienbesitz zu verkaufen, um die der SOGEM ausgehändigten vordatierten Schecks einlösen zu können.

Ich erbat vom Finanzbeamten etwas Zeit für die Bezahlung meiner Steuerschulden; doch der erwies sich als perfekter Bürokrat und höchst gesetzesgenau: Ohne die ihm durchaus mögliche Flexibilität zu nutzen, pfändete er sogar den Laden, in dem das Antiquitätengeschäft geführt wurde. Das Leben in Reggio Calabria wurde für uns beide immer schwieriger. In den Läden der

Stadt wollte uns niemand mehr sehen. Eine Friseuse ließ mich fühlen, daß ich ihr Geschäft nicht mehr aufsuchen sollte; die Besitzerin einer Wäscherei ersuchte mich, auf der Straße zu warten, wo sie mir die gereinigte Wäsche aushändigte. Als wir bemerkten, daß unsere Anwesenheit in einer Bar die übrigen Kunden zum Weggehen oder zumindest zum Wegrücken von unserem Tisch veranlaßte, beschlossen wir, keine Geschäfte und Bars mehr aufzusuchen und verbrachten unsere Abende auf dem Balkon der Wohnung Angelicas in der Via Gebbione.

In dieser Wohnung fühlten wir uns zumindest sicher. Die Einschüchterungsversuche und Drohungen liefen zwar weiter, doch wir beide bauten auf unsere Freundschaft und Zuneigung und verfolgten unsere Forderung nach Gerechtigkeit weiter. Wir ließen uns weder durch Chrysanthemen (Grabblumen, d. Ü.) einschüchtern, die wir ab und zu im Hauseingang fanden, noch von den schwarzen Strichen, die man auf unser Auto zum Zeichen der »Trauer« gemalt hatte, noch durch Drohungen am Telefon oder sonst etwas.

Wir verstanden uns hundertprozentig, und das sicherte unser Bündnis gegen jegliche üble Nachrede ab. Gemeinsam gingen wir zu den Sitzungen des Gerichts, gemeinsam betrachteten wir, ausgestreckt auf den Liegestühlen am Balkon Richtung Ionisches Meer, an Sommerabenden die Sterne. Wir schleckten Eis, bereiteten Obsttorten zu, lasen gute Bücher und retteten uns mitunter auch mit Humor aus der Langeweile unserer Isolierung. In den Tageszeitungen suchten wir Nachrichten, die unsere Hoffnungen auf eine Erneuerung des politischen Lebens nach den Antikorruptions-Ermittlungen »Tangentopoli« (Schmiergeldrepublik) bestärkten. Oft lachten wir auch über unsere eigenen Probleme: Längst kannten wir alle Arten von Gift, die den Gang der Justiz in unserer Stadt beeinträchtigten. Wir wußten, daß man Recht in Reggio Calabria nur über eine Art »Mautzahlung« erhielt.

Ich fürchtete daher, daß auch mein Prozeß einigem Druck ausgesetzt sein würde und erbat beim Obersten Richterrat (dem autonomen Selbstverwaltungsorgan der gesamten Rechtsprechung in Italien, d. Ü.) Garantien für einen regulären Gang der Rechtssprechung auch in meiner Stadt.

Anfang Mai gab es neue Schwierigkeiten: In meine Wohnung

in der Via D'Annunzio wurde eingebrochen; gestohlen wurden Gemälde, Schmuckstücke, vor allem aber die Denkschrift meines Bruders. Die Diebe waren über ein Oberlicht am Nebeneingang eingedrungen und hatten neben dem Fernsehapparat und anderen wertvollen Gegenständen auch die Dokumente aus der Schachtel mit der Aufschrift »Mammoliti« mitgehen lassen.

Die Carabinieri, die zuerst das Haus betraten, fanden im Korridor neben dem Eingang eine Schatulle, die Schubladen des Bücherschranks aufgerissen, den Kassenschrank aus dem frühen 18. Jahrhundert ausgeleert, alles auf den Boden geworfen. Die Beamten baten mich aufzuschreiben, was mir die Diebe entwendet hatten. Auf dem Weg durchs Haus fand ich noch zwei Gewehre meines Vaters. Zwei alte Schießeisen aus dem Ersten Weltkrieg, deshalb hatten die Diebe sie wohl weggeworfen. Es handelte sich um die Gewehre meines Vaters, seine Erinnerungsstücke aus dem Krieg, Gefährten der sechsunddreißig Monate in »vorderster Feuerstellung«, wie er das immer genannt hatte, wenn er erzählte, wie er als junger Mann freiwillig an die Front gegangen war. Ich freute mich, daß die Diebe die Waffen gefunden und trotzdem zurückgelassen hatten: Sie hatten keinerlei Wert, waren jedoch Vater teuer gewesen, und so hatte auch ich sie mit Liebe aufgehoben. Ich zeigte die Gewehre den Carabinieri; ich wollte sie danach an ihren alten Platz zurückstellen, wenn ich alles wieder aufräumte. Zuvor jedoch wollte ich das Brautkleid meiner Mutter zurück in den Koffer legen; es war vom Darauf-herum-Trampeln ganz schmutzig geworden.

Die Carabinieri erstatteten danach Anzeige – gegen mich, wegen verbotenen Besitzes von Kriegswaffen. Zwischen den herumliegenden Papieren im Arbeitszimmer suchte ich herauszufinden, was alles fehlte. Die alte Ordonnanzkiste, die den Artilleriehauptmann Domenico Cordopatri nach Albanien begleitet hatte, war aufgebrochen worden, die Uniform auf den Boden geworfen. An Dokumenten fehlte lediglich die Denkschrift meines Bruders.

Der Diebstahl war wirklich ein Tiefschlag. Die Gemälde und die Schmuckstücke sollten ein Mindestmaß an wirtschaftlicher Absicherung gewährleisten; doch der Verlust der Denkschrift war der schlimmste Schaden für mich. Angelica und ich waren an diesem Abend und noch an manchem danach überwiegend schweigsam. Auch die beste Lektüre vermochte uns nicht abzulenken.

Nach dem Verlust der Gemälde, des Schmucks und der Silbergedecke blieb die einzige Möglichkeit, meine gegenüber der Steuerkasse SOGEM eingegangenen Verpflichtungen einzulösen, die Ernte auf den Ländereien von Castellace. Mehr als vierzig Jahre war ich nicht mehr dorthin gefahren. Es gab sicherlich neue Straßen; doch wir konnten uns nur in Begleitung von Carabinieri hinwagen.

Angelica und ich erbaten einen Termin beim Staatsanwalt von Palmi, Dr. Agostino Cordova. Der hörte uns an, mit seiner Zigarre zwischen den Lippen und seinem Blick, der aus zwei Augen wie dunkle Punkte stets weit über die Menschen ihm gegenüber hinausreichte. Dann verwies er uns an Hauptmann Coppola in Taurianova.

Dorthin fuhren wir dann an einem Spätsommernachmittag, den ein kleiner Regenguß unerträglich feucht gemacht hatte. Hauptmann Coppola und Feldwebel Vizzari hörten uns bis zum späten Abend an. Auch der Feldwebel rauchte eine Zigarre, aber eine von anderer Qualität als die des Staatsanwaltes Cordova, mit einem stärkeren, stickigeren Geruch. Gegen 22 Uhr verließen wir die Carabinieri-Station, und fuhren, eskortiert von einem weißen FIAT Uno mit zwei Carabinieri des Kommandos von Reggio Calabria an Bord, mit unserem rundum verbeulten FIAT Tipo und dem Kofferraum voller Gesprächsnotizen zurück in unsere Wohnung in der Via Gebbione. Wir hatten den festen Eindruck, daß wir das Problem mit der Ernte nun lösen konnten.

Doch Anfang September wurde Staatsanwalt Cordova wegen seiner Ermittlungen über allerlei aus dem Ruder gelaufene Freimaurerlogen von Palmi versetzt und nahm seinen Dienst in der Staatsanwaltschaft Neapel auf. Hauptmann Coppola stellte einen Monat später plötzlich fest, daß die Ländereien von Castellace zum Justizsprengel Oppido Mamertino gehören, und daß daher die Carabinieri von Palmi für die Angelegenheit zuständig seien.

So mußte man alles von vorne beginnen. Wenn wir auf die Ländereien fahren wollten, mußten wir uns nun an die Carabinieri von Palmi wenden. Inzwischen wurde am 18. Dezember 1992 der Boß Saro Mammoliti mit seinen fünfunddreißig Gefolgsleuten dem Vorermittlungsrichter (in Italien für die Zulassung der Anklage zuständig, d. Ü.) vorgeführt, Frau Dr. Iside Russo. Die ließ mit Urteilsspruch vom 23. Dezember nahezu alle Anklagen zu und bestätigte damit die Ermittlungsergebnisse, die sich auf Straftaten von mutwilliger Beschädigung über Erpressung und Bildung einer mafiosen Vereinigung bis zu Mord bezogen. Caterina Nava und Clara Rugolo wurden in den Hausarrest entlassen (in Italien als Haftverschonung möglich, mit Polizeiwache vor dem Haus d. Ü.). Mariarosa Mammoliti blieb in Haft, liegt aber seit einiger Zeit in Villa San Giovanni in einer Privatklinik.

Anfang Dezember war das also: Da war die Olivenernte freilich schon zwei Monate in Gang. Ich kündigte mit einem Fax-Schreiben in der Maurizio Costanzo Show (einer der meistgesehenen abendlichen Fernsehsendungen im Kanal 5, d. Ü.) an, den Erlös der gesamten Ernte für gute Zwecke zur Verfügung zu stellen und lediglich einen Betrag in Höhe der Steuerschuld abzuzweigen. Danach nahm eine Vereinigung zur Genesung von Drogenabhängigen mit Namen »Mondo X« mit mir Kontakt auf. Der Abgesandte der Gemeinschaft kam zu mir nach Reggio Calabria und wollte das Ernte-Terrain besichtigen, danach wollte er entsprechende Abkommen mit mir schließen.

Die Ländereien von Castellace gehören zu Palmi, also nahm ich Kontakt zum örtlichen Carabinieri-Kommandanten Leutnant Giangregorio auf. Der Beamte war ein hochgewachsener Mann mit einem Bart, der an einen Musketier erinnerte, aber doch viel bürgerlicher aussah, dazu trug er einen steifen Kragen nach Art des frühen 19. Jahrhunderts. Er hielt sich oft die Hand an die rechte Seite, es schien ihm nicht gutzugehen. Tatsächlich stellte sich später heraus, daß er an Magengeschwüren litt.

Mein Verhältnis zur Carabinieri-Station von Palmi blieb zwiespältig. Mal kamen gesundheitliche Probleme der dortigen Offiziere und Unteroffiziere dazwischen, wenn wir um eine Eskorte baten; mal hatte es ein mafioses Attentat auf eine Autobahn-Patrouille in der Nähe von Scilla gegeben. Die Zeit verging, für die Olivenernte war es nun bereits zu spät.

Ich mußte meine Rückkehr auf meine Ländereien erneut verschieben.

Nach zwei Monaten Warten entschied der Abgesandte von

»Mondo X«, daß es keinerlei Sinn mehr habe, am Ende der Olivenernte noch nach Castellace zu gehen. Auch diese Ernte ging also nicht an die Cordopatri, obwohl nun der gesamte Mafiaclan im Gefängnis saß.

Ich wurde mir klar darüber, daß es nicht mehr möglich sein würde, die Einkünfte aus den Ländereien zum Ausgleich meiner Schulden beim Staat zu nutzen. Klar war mir dabei aber natürlich auch, daß die Schuld für meine Lage beim Staat lag.

Ich sah keine andere Chance mehr, als mich direkt an die Staatsanwaltschaft zu wenden.

9

Der Hungerstreik

Mein Ansprechpartner beim Gericht von Reggio Calabria war der beigeordnete Anti-Mafia-Oberstaatsanwalt Dr. Salvatore Boemi. Ich hatte ihn früher schon kennengelernt, als Vorsitzenden des Schwurgerichts beim Prozeß gegen Salvatore Larosa. Es war sein Verdienst, wenn ich nun doch die Jahre verdrängen konnte, in denen sich die Justiz höchst gleichgültig gegenüber unseren Problemen mit der Mafia gezeigt hatte. Dr. Boemi hatte sich nie durch Drohungen und Einschüchterungsversuche davon abhalten lassen, auch noch so schwierige, gefährliche Ermittlungen zu Ende zu führen. Der Mut und die Entschiedenheit, mit der dieser Mann seine Arbeit gegen die Mafia erledigte, wurden zu einem Eckpfeiler der Rückgewinnung von Legalität und Recht in Kalabrien. Diese unbeugsame Härte gegen jede Form des Laisserfaire begegnete freilich auch im Justizpalast von Reggio Calabria einiger Verständnislosigkeit.

Zusammen mit Angelica ging ich zu Dr. Boemi und fragte ihn, wie ich das nun anstellen sollte, wenn ich wieder auf die Ländereien von Castellace wollte; er fand sofort eine Lösung. Am Tag nach unserem Antrag bereits fuhr ein Landrover mit zwei Carabinieri und dem Landvermesser Scaringi vor, dem das Gericht die Feststellung aller von den Mammoliti ausgebeuteten Ländereien übertragen hatte, und mit diesen drei Männern fuhren wir beide dann nach Castellace. Der Geländewagen wurde zudem noch eskortiert von einem Wagen mit Carabinieri aus der Station von Palmi. Ingenieur Scaringi, der als Sachverständiger am Gericht von Reggio Calabria tätig war, sagte, er kenne meinen Besitz bereits, weil er im Zuge der Feststellungen während des Prozesses die Grenzen aller Ländereien abzustecken gehabt hatte, auf denen Don Saro geherrscht hatte. Doch dann brachte er uns in einen Olivenhain, auf dem ein Wohnhaus stand, das ich nicht als das unsere wiedererkannte. Scaringi war jedoch sicher, daß er nicht irrte, da er alles aufgrund der Grundbucheintragungen realisiert hatte. Ich suchte, als Bezugspunkte, den kleinen Brunnen neben unserem alten Haus, den kleinen Vorplatz bei der Garage, die Häuschen, in denen die Olivensammler wohnten, die Ölmühle mit den beiden großen Steinmaschinen, das Lager mit den Behältern für das Öl, den Kirschbaum, dessen erste Früchte wir stets den Waisen des Instituts S. Antonio in Reggio Calabria gebracht hatten. Was mir Scaringi da vorwies, war nicht mein Eigentum, doch der Ingenieur bemerkte dazu, daß sich in vierzig Jahren viel gewandelt hat, daß neue Straßen und Plantagen Olivenhaine in dieser Gegend verändert haben. Die kleinen Arbeiterhäuschen seien aufgrund der Witterungseinflüsse eingestürzt, ein Teil des alten Wohnhauses sei absichtlich abgebrochen worden. Den Kirschbaum glaubte er in einiger Entfernung von dem Haus, das er für die alte Wohnung der Cordopatri hielt, ausgemacht zu haben.

Ich war mir trotzdem bei der Heimfahrt ziemlich sicher, daß mich der Sachverständige in einen Olivenhain gebracht hatte, der nicht mir gehörte. Einige Tage danach erbat ich von den Carabinieri erneut eine Fahrt nach Castellace; diesmal steuerte Herr Arcangelo Frisina, und so kehrte ich nach vierzig Jahren Abwesenheit doch noch in mein Haus auf dem Lande zurück.

Sowohl die Arbeiterhäuschen wie das Herrschaftshaus waren total verlassen. An der Mauer der Ölmühle hing noch immer das Bild der Madonna del Carmine, das mein Vater dort angebracht hatte. In der Küche hatten die weißen Majolikakacheln mit den blauen Blümchen darauf der Zeit widerstanden. Der Steinboden in den Schlafzimmern war zerbröckelt, von einigen Möbeln der Einrichtung waren nur noch Spuren an der Wand zu erkennen. Unkraut war auf den äußeren Treppen gewuchert. Alles war heruntergekommen, mit Ausnahme der alten Garage: Die hatte jemand instandgesetzt und mit einem rotgestrichenen eisernen Schiebetor versehen.

Als wir die Garage öffneten, fanden wir einen abgewrackten schwarzen FIAT Uno. Der Motor war entfernt worden. Die Carabinieri hofften aufgrund eines Fetzens der Versicherungskarte, den sie am Boden fanden, den Eigentümer ermitteln zu können. In einem Raum neben der Garage, verschlossen mit einer alten Holztür, die mit einer Eisenkette und einem Hängeschloß zusammengehalten wurde, fanden sich Düngemittel für die Äcker, chemische Produkte gegen Krankheiten der Olivenbäume sowie Arbeitsgeräte. Die Olivenplantage war perfekt gepflegt und kultiviert.

Mein Bruder war nun seit drei Jahren tot, Don Saro und ein Teil seines Clans im Gefängnis – doch der Boß herrschte offenbar in Castellace noch immer. Ungestört beutete die Mafia weiter unsere Ländereien aus.

Die Netze zur Olivenernte lagen zum Teil in der Garage, zum anderen Teil ordentlich zusammengelegt auf dem Platz davor: Beleg dafür, daß auch in diesem Jahr die Ernte durchgeführt worden war. Auch der Boden unter den Bäumen war von allem Bewuchs befreit worden, die Geräte hatte man soeben zu säubern begonnen: auch das Beweise für die stattgehabte Ernte. Wir wiesen die Carabinieri darauf hin, daß hier mit Sicherheit gearbeitet worden war, und zwar noch am Vormittag unseres Besuchs; schließlich brannte da noch ein Häufchen zusammengekehrten Laubes, neben den Arbeitsgeräten standen halbvolle Bierflaschen.

Dieser 2. August 1994 war ein sehr heißer Tag. Feldwebel Pricoco und Wachtmeister Virga, die uns begleitet hatten, zogen sich in den Schatten eines Olivenbaums zurück. Der Feldwebel bekämpfte seinen Durst mit einem Stück Zitrone und riet mir, erst in der kühleren Jahreszeit auf meinen Besitz zurückzukehren, im Herbst also; die Hitze und die Aufregung könnten mir bei meinem Alter sonst übel mitspielen.

Wir hörten nicht auf den Rat des Feldwebels und zogen nun durch die ganzen Ländereien. Die Carabinieri von Castellace und Herr Frisina begleiteten uns; von letzterem wollten wir unbedingt wissen, wer die Felder und Haine derzeit bestelle. Frisina sagte, er wolle keine Scherereien und in Frieden leben. In diesem Gebiet, sagte er, »gibt's böse Leute, und Sie wissen das«. Er habe Kinder und wolle nicht umgebracht werden, außerdem sei es auch nicht seine Aufgabe, irgendwelche Namen zu nennen, wir sollten die Carabinieri fragen. Die müßten es doch wissen. Wir bestanden jedoch darauf, sagten ihm, daß er die Leute kennen müsse, die da die noch immer herumliegenden Netze ausgelegt hatten, just in jenem Bezirk von Castellace, der an den von ihm selbst gepflegten Hain anschließt.

Frisina sah sich nun doch gezwungen, uns zu sagen, was er wußte. Wir riefen Feldwebel Pricoco und Wachtmeister Virga, damit sie seine Aussage hörten: Melo sei es, der meine Ländereien bestelle und die Oliven ernte. Er bat, nicht weiter in ihn zu dringen, die Carabinieri wüßten doch, wer Melo sei: sie wüßten es bereits seit vergangenen Winter, als zwei von ihnen mit einem weißen FIAT Uno aufs Land gekommen seien und nachgefragt hätten, wer die Ländereien der Baronin Cordopatri bestelle. Die Carabinieri hätten ihm ihren Dienstausweis gezeigt, und dann habe er selbst Melo aufgesucht und ihm gesagt, daß die Carabinieri ihn sprechen wollten. Die hätten sich dann auch gegenüber Melo ausgewiesen und ihn aufgrund seines Personalausweises identifiziert. Frisina war sichtbar verärgert und sagte dann nur noch:

»Laßt mich doch in Frieden, ich habe damit nichts zu tun, was für ein schlimmer Tag heute!«

Wir fragten die Carabinieri, was sie über diesen Melo wußten. Die Beamten aus Castellace sagten, sie wüßten nichts darüber, sie wüßten auch nichts von den Schwierigkeiten durch die Mafia auf diesen Ländereien. Feldwebel Pricoco kam zu dem Ergebnis, daß die einzigen, die darüber Bescheid wissen mußten – da auch die Carabinieri aus Palmi keine Ahnung hatten –, die Kollegen von Reggio Calabria seien. Die hätten in der Tat vor einiger Zeit die Ermittlungen wegen der Ermordung des Barons angestellt und seien mehrere Male auf diesen Besitz gefahren.

Auf dem Heimweg von Castellace fuhren wir an der Carabinieri-Kaserne von Palmi vorbei und zeigten den gesamten Sachverhalt an. Mein Vertrauen in die Justiz hatte erneut einen Schlag versetzt bekommen. Nach der Aussage Frisinas wuchs in mir die Überzeugung, daß sich nichts geändert hatte, seit Ventrice 1967 meinem Vater gestand, er sei von der Mafia gezwungen worden, als Strohmann der Mammoliti zu fungieren.

Die Mafia blieb auf der Siegerstraße, heute wie damals. Alle unsere Anzeigen, alle unsere Anträge, unsere Aussagen hatten keinerlei Wirkung, weder auf die Ordnungskräfte noch auf die Staatsanwaltschaften. Und ebenso wirkungslos war, nach dem Tod meines Bruders und meiner Zusammenarbeit mit den Justizbehörden, der Antrag auf die Herausgabe der Ländereien von Castellace gegenüber den verschiedenen Vertretern der Obrigkeit, der Polizei und den Carabinieri.

Ich war ziemlich demoralisiert und wurde erneut mißtrauisch: Es war doch völlig unvorstellbar, daß jene Leute, die die öffentliche Ordnung schützen sollten, und die die Ermittlungen gegen die Mafia durchführten, plötzlich blind und taub wurden und der Mafia gestatteten, just jenen kriminellen Plan zu Ende zu führen, dessenthalben sie ermittelten. Ich fragte mich, ob es einen schriftlichen Bericht jener zwei Carabinieri gab, die seinerzeit Melo Surace identifiziert hatten.

Und wenn es ihn gab: Wie war er verwendet worden? Soviel war sicher: Vincenzo Mammoliti hatte trotz seines Gefängnisaufenthalts die Olivenernte auf den Ländereien Cordopatri erneut mit Beschlag belegen können. Er saß im Gefängnis, seine Frau ebenfalls, und die Anklagepunkte sprachen von Delikten wie mutwilliger Beschädigung, widerrechtlicher Besetzung fremden Eigentums, Erpressung, mafioser Bandenbildung zum Nachteil des Barons Tonino; Vincenzos Sohn Francesco war außerdem auch noch als mutmaßlicher Auftraggeber des Mordes an Baron Cordopatri angeklagt.

Die tausenderlei Fragen ohne Antworten verhinderten, daß ich erneut eine vertrauensvolle Beziehung zum Justizpalast von Reggio Calabria und zu den Ordnungskräften herstellen konnte.

Eine positive Erinnerung war für uns dagegen der Hoffnungsschimmer, den uns der Abgeordnete Luciano Violante als Vorsitzender der Antimafiakommission des Parlaments verschaffte, als er uns in seinem karg eingerichteten Arbeitszimmer in der Via del Seminario in Rom empfing. Er hörte sich den Bericht über die Mafia, die Tonino Cordopatri umgebracht hatte, an und übergab dann die Anzeigen und Dokumente an Oberst Palmerini. Der hörte uns erneut an, las die Dokumente ernst und aufmerksam durch und machte sich Notizen; man sah, daß er seine Arbeit höchst intelligent, professionell, korrekt erledigte. Wir fühlten, daß wir dort endlich die richtigen Personen gefunden hatten und nun bei redlichen, aufmerksamen, fähigen Gesprächspartnern gelandet waren, die unsere Dokumente nicht in irgendeiner Schublade verkommen ließen.

Das damalige Gespräch führte zu Ermittlungen, die Beweise dafür lieferten, daß die Subventionen der Europäischen Gemeinschaft über die dafür zuständigen regionalen Behörden an den Clan Mammoliti geflossen waren. Leider genügten der Abgeordnete Violante, der Oberst Palmerini, Dr. Boemi von der Anti-Mafia-Staatsanwaltschaft und die wenigen anderen amtlich damit befaßten Personen nicht, all jene Vorgänge zu korrigieren, die Italien mit einem Berg illegaler Vereinbarungen eingedeckt hatten. Die Pläne zur Olivenernte scheiterten, es gab Verzögerungen, Gleichgültigkeit, Unaufmerksamkeit.

Damit aber konnte ich die Steuern nicht mehr bezahlen. Die Behörden informierten mich über ihre Steuereintreiber, daß am 1.10.1994 die Vorbereitungen zur Versteigerung meines Hauses und meines Geschäftes beginnen würden. Meine Jugend, meinen Bruder, meine Zukunft: alles hatte ich verloren, geopfert auf dem Altar einer nutzlosen Suche nach Legalität und Gerechtigkeit. Nun aber wachte dieser Staat, der ständig geschlafen und unaufmerksam gewesen war und weder unsere Rechte noch das Leben meines Bruder geschützt hatte, plötzlich auf und schrieb mein Haus zum Verkauf aus. Mit Angelica diskutierte ich die ganze Nacht auf dem Balkon, ob sich ein weiteres Engagement beim Kampf gegen die Mafia in Kalabrien überhaupt noch lohne. Dann jedoch beschlossen wir gemeinsam, daß man die Prinzipien, die unser Leben immer geprägt hatten und die die Grundlage unserer Entscheidungen, Einstellungen und Handlungen gewesen waren, selbst dann nicht aufgeben durfte, wenn alles darauf hindeutete, daß Rechtlosigkeit und Unmoral auch weiterhin die vorherrschenden Elemente des Lebens in Italien sein werden.

So begann ich am 12. September 1994 vor dem Justizpalast in Reggio Calabria einen Hungerstreik; auf einem Plakat neben mir erklärte ich die Gründe dafür. Ich bezeichnete mich als Opfer der Mafia, aber auch eines Staates, der durch Abwesenheit glänzte und der mich nun zu diesem massiven Protest zwang, um meine Rechte einzufordern und danach die Erbschaftssteuer zahlen zu können. Am Morgen vor dem Beginn des Hungerstreiks begab ich mich noch auf den Friedhof, grüßte meine Verstorbenen und bat sie um Kraft für diese schwierige Aktion, mit der ich ja auch meine bisherige Zurückhaltung gegenüber der Öffentlichkeit aufgeben mußte. Lange blieb ich am Grab meiner Mutter stehen und bat auch sie um die Kraft und den Mut, mit dem sie einst all die Probleme mit der Gesundheit und dem Leben gemeistert hatte, ohne ihr Lächeln zu verlieren, ihre Hoffnung, ihren Glauben an Gott.

Der erste Zusammenstoß mit den Leuten aus dem Justizpalast bestand in einer mißbilligenden, unwilligen Geste eines Staatsanwaltes. Der war stehengeblieben und hatte das Plakat gelesen; dann machte er mit der Hand eine Bewegung, mit der man im Theater eine Person ankündigt, die etwas verrückt ist, und der man nichts glauben darf. In den ersten Zeilen des Plakates stand: »Ich unterwerfe mich der Mafia nicht, trotz all der Übergriffe und Attentate, die ich erlitten habe, doch ich unterwerfe mich dem Staat, der heute ebenso wie früher durch Abwesenheit glänzt ...«

Einige Stunden später standen Fotografen und Journalisten um mich herum; die Geschichte meiner Ländereien kam in alle Zeitungen. Das Fernsehen berichtete, daß der Staat von mir Geld fordere, mich aber nicht in den Stand setze, meine Schulden zu bezahlen. Die öffentliche Meinung begehrte nun Aufklärung; der Fall Cordopatri kam mit den tausenderlei Widersprüchlichkeiten ans Tageslicht, die man in Reggio Calabria auf alle erdenkliche Weise zu verbergen gesucht hatte. Die ersten, die mir Solidarität erwiesen, waren die Abgeordneten Sandra Bonsanti, Tano Grassi, Borgoni und Bertinotti: Sie kamen auf die Piazza vor dem Justizpalast und boten an, reihum beim Hungerstreik mitzumachen, um so den Streß des ständigen Hungerns für mich zu mildern. Ich dankte sehr dafür, lehnte aber ab und blieb auf der Piazza, wartete auf Antworten, die dreißig Jahre lang nicht gekommen waren.

Staatsanwalt Boemi bat mich liebenswürdig, den Streik doch auszusetzen, schließlich müsse ich doch bald an einem langen, schwierigen Prozeß teilnehmen. Auch ihm gegenüber lehnte ich ab: ich sei hier und warte auf eine Antwort seitens des Staates.

Nun kam in der ganzen Stadt Reggio Calabria Solidarität auf, man rückte mit mir zusammen, es gab Fackelzüge, Nachtwachen mit Gebeten, Unterschriftensammlungen und viele, viele Blumen für mich. Ich hatte auch meine Anschrift geändert; Solidaritätsadressen und -telegramme seien zu richten an Teresa Cordopatri,

Piazza Castello, Reggio Calabria (die Piazza vor dem Justizpalast, d. Ü.). Eines Morgens war der Bürgersteig vor meinem Haus in der Via d'Annunzio überfüllt mit Blumensträußen und Solidaritätsschreiben für mich und Gedenkschriften für meinen Bruder Tonino. Senator Emilio Argiroffi Raber, ein hochgebildeter Mann aus der parlamentarischen Linken, Bürgermeister von Taurianova und seit jeher in vorderster Linie beim Kampf gegen die Mafia, überbrachte mir seine Solidarität und die seiner Stadt. Danach gründete er eine »Liga von Bürgermeistern gegen die Mafia«; ihr traten alle Bürgermeister von Städten bei, in denen es starke Mafia-Aktivitäten gab. Vertreter der Linken und der Grünen stellten Anfragen im Parlament. Senator Girolamo Tripodi kam, sooft er in Reggio Calabria war, vorbei und blieb einige Zeit bei mir auf der Piazza.

Tripodi gehörte der Rifondazione comunista an (dem linken Flügel der aufgelösten KP, d. Ü.). Seit jeher hatte er sich durch große Sensibilität allen Übeln der Stadt gegenüber ausgezeichnet; er war denn auch der erste, der meinen Fall ins Parlament brachte und nach einer Lösung verlangte. Auch die Pfadfinder unter der Leitung von Bruna Mangiola überbrachten mir ihre Solidarität, leisteten mir Gesellschaft und schafften sogar ein Feldbett für die Nacht heran. Meine Kusine Angelica und mein Neffe Giuseppe blieben stets bei mir. Auch die Abgeordnete Rita Commisso kam immer wieder zu Solidaritätsbekundungen zur Piazza und mahnte im Parlament ständig aufs neue die Antwort an mich an, bevor mich der Hunger unwiederbringlich für den Rest meines Lebens zeichnete. Von der Linken bekam ich aus ganz Italien moralische und politische Unterstützung für mich und meinen Hungerstreik. Anfragen in der Abgeordnetenkammer folgten so dicht aufeinander wie die Grußbotschaften und Fackelzüge. Bürgermeister vieler Städte luden mich zu sich ein; politische, kulturelle, soziale Vereinigungen zum Schutz der Bürgerrechte boten ihre uneingeschränkte Unterstützung an und forderten immer dringender eine Lösung der Angelegenheit. Der Bürgermeister von Reggio Calabria, Professor Italo Falcomatà hielt, als ich schon einige Tage hungerte, auf der Piazza an und sprach mit mir; trotz der späten Stunde wolle er nun ein Fax an den Staatspräsidenten und den Innenminister absenden.

Politiker und Beamte aus Reggio Calabria kamen zu mir und wollten direkt aus meinem Mund die Probleme hören, die mittlerweile das Gewissen aller redlichen Italiener belasteten. Auch ihnen schien es absurd, daß der Clan Mammoliti trotz seiner Inhaftierung noch immer die Ländereien der Cordopatri ausbeuten konnte. Angelica und ich fragten uns noch immer ungläubig, ob es wirklich zutraf, daß die Carabinieri dem Melo Surace, obwohl sie ihn als Treuhänder des Vincenzo Mammoliti identifiziert hatten, ungestört weiter meine Ländereien hatten abernten lassen.

Alle fühlten sich nun, je nach ihrer amtlichen Position, zum Ausdruck ihrer Solidarität und zur Forderung nach einer sofortigen konkreten Antwort des Staates an mich verpflichtet. Ich war zu diesem Zeitpunkt schon ziemlich matt; Arme und Beine hatten sich nach einer Infektion durch Insektenstiche entzündet. Doch ich blieb auf der Piazza.

Lediglich ein plötzlicher Regen, der die letzten schwülen Septembertage ein wenig auffrischte, unterbrach ein paar Stunden den ständigen Strom der Menschen, die sich dann bis in die späte Nacht hinein auf der Piazza Castello aufhielten und mir Unterstützung anboten. Die Bürger von Reggio Calabria, die da Solidarität zeigten, empörten sich über einen Staat, der sich unfähig zur Garantie des Privateigentums zeigte und nur beim Eintreiben von Steuern Sorgfalt bewies. Am Ende riefen die Leute immer wieder aus: »… die Regierung ist eine Diebesbande! Wir brauchen neue Leute auf diesen Posten, damit sich in Italien etwas ändert!«

Die Einsamkeit, die meine Familie jahrelang gekennzeichnet hatte, als wir zur Zielscheibe der Mafia wurden, schien unversehens innerhalb weniger Tage zu verschwinden, nachdem ich meine Tragödie aus dem geschlossenen Kämmerlein auf die Straße getragen hatte. Als ob mir die Leute die vielen Jahre der Einsamkeit und des Schweigens nun ausgleichen wollten, waren alle plötzlich gesprächig, und sie beschränkten sich auch nicht nur auf eine Unterschrift unter Petitionen für schnelle, konkrete Maßnahmen: Sie wollten nun Freundschaft und Zuneigung zu der Frau beweisen, die zwar körperlich gezeichnet, aber mit ungebrochenem Willen beschlossen hatte, ihren Protest bis zum Ende durchzuhalten. Viele Menschen erzählten umgekehrt nun auch mir von ihren Erfahrungen mit der Mafia: Reggio unterlag durch und durch der Kontrolle der einzelnen Gebiets-Bosse, die sich die Stadt und die verschiedenen Einnahmequellen untereinander aufgeteilt hatten.

Viele Menschen gratulierten mir zu meinem Mut, endlich über all das zu reden. Sie ihrerseits hatten diesen Mut nicht gehabt. Nun aber berichteten sie von angezündeten Autos, eingeschlagenen Fensterscheiben, Botschaften durch »Freunde«, die ihnen zum Nachgeben gegenüber der Mafia rieten. Sie hatten alle Kinder, Männer – was wäre, wenn diese eines Abends nicht mehr heimkehrten? Wem könnten sie dann alles erzählen? In Reggio Calabria hatte man nie etwas erreicht! Man wird umgebracht, und damit hat sich's. Ich aber, sagten die Leute, hätte nun den Mut gehabt zu reden, und das bewunderten sie. Mein Protest wurde nun auch zu ihrem, die sie ihn nie zu artikulieren gewagt und lieber die Fensterläden heruntergelassen und sich anderswo Arbeit gesucht hatten.

Reggios Einwohner lebten in Angst. Eingejagt hatte sie ihnen die Mafia, indem sie jede Verweigerung ihrer Forderungen mit dem Tod bestrafte. Die Mafia ist wie ein Schmarotzer, der sich in jeder Faser einnistet. Du kannst dich anstrengen, arbeiten und leben, wo und wie du willst – sie herrscht stets über dich. Du hast es noch nicht einmal bemerkt, da hat sie sich schon in deinem Körper eingegraben und lebt von dir. Sie saugt dein Blut aus, deinen Willen zur Arbeit, zum Planen. Sie nimmt dir deine Zukunft. Ja, auch deine Zukunft gehört nun plötzlich einem oder mehreren dieser Schmarotzer, die sich deines Körpers bemächtigt haben, deines Lebens, deiner Seele, deines Geistes. Die Mafia hat Reggio Calabria in die Knie gezwungen. Doch plötzlich, als ich alte Frau mit meinen grauen Haaren trotz meiner erlahmenden Kräfte auf der Piazza mit fester Stimme sagte: »Die Mafia ist Korruption, ist der perverse Filz aus Politik, Justiz und Polizei«, da hatten die Leute aus Reggio auf einmal jenen Bezugspunkt gefunden, den sie brauchten, um sich nicht mehr alleine zu fühlen, nicht mehr auf der »falschen Seite«, wenn sie ihre Erfahrungen mit der Mafia erzählten.

»Es stimmt, was die Teresa Cordopatri berichtet.«

»Es stimmt. Wir wissen es, weil es auch uns passiert ist, weil auch so mancher unter unseren Verwandten sein Geschäft hat schließen müssen, weil ...«

Geschichten alltäglicher mafioser Übergriffe, die ihnen ihr Recht und ihre Ansprüche genommen haben, und alle hatten gleichgültig zugeschaut. Es schien, als stünde das Recht auf der Seite der Mafiosi, und daher blieb ihnen, den Bestohlenen, nur das Schweigen. Die »merkwürdige Teresa Cordopatri« aber, die da nun auf der Piazza Castelli neben ihrem Protestplakat saß, hatte Reggio Calabria zum Reden gebracht. Tatsächlich eine »merkwürdige« Angelegenheit für eine Stadt, die bisher immer geschwiegen hatte.

Vertreter der Linken aus Reggio und aus allen anderen Teilen des Landes, Kulturschaffende und wichtige Amtsträger kamen zu mir auf die Piazza Castello. Die einzigen, die absolut fehlten, waren die Mitglieder der Rechtsprechung, die die Justiz im Palazzo gegenüber zu verwalten hatten. Einige davon nutzten nicht einmal mehr den Parkplatz auf der Piazza, um die Begegnung mit mir und meinem unbequemen Plakat zu vermeiden. Noch immer fehlte auch die Antwort des Staates.

Die Antimafiakommission mit der neuen Vorsitzenden Tiziana Parenti kam nach Reggio und lud mich in die Präfektur ein. Trotz meiner wackeligen Beine begab ich mich dorthin und legte zusammen mit Kusine Angelica meinen Fall erneut dar. Frau Parenti bot ihre Unterstützung in Form einer Intervention bei Finanzminister Tremonti an; doch das genügte mir nicht. Aufgrund dessen, was mir geschehen war, verlangte ich eine »klare, präzise Verpflichtung des Staates«. Ich dankte der Abgeordneten – und ging in Begleitung von Angelica auch diesen Abend zur Piazza zurück auf mein Feldbett.

Der neue Präfekt von Reggio Calabria, Dr. Nunzio Rapisarda, begab sich als allererste Amtshandlung auf die Piazza Castello. Mit ihm kam sein Kabinettschef Dr. Franco Misolino, der den Fall Cordopatri schon kannte: Er war der einzige Beamte der Präfektur, der sich bereits vor der Ankunft des neuen Präfekts mit Fingerspitzengefühl und Kompetenz um eine Lösung der schwierigen Beziehung zwischen mir und der Finanzverwaltung von Reggio Calabria mit ihrer blindwütigen Anwendung der Steuergesetze bemüht hatte.

Dr. Rapisarda war ein ansehnlicher Mann, sein Italienisch ließ sizilianischen Akzent erkennen. Er bat mich, meinen Hungerstreik zu unterbrechen und garantierte mir dafür seinen bestmöglichen Einsatz und seine massivste Unterstützung. Doch wenn er gehofft hatte, mich damit zur Aussetzung meines Protestes zu bewegen – ich dankte ihm, blieb aber auf der Piazza. Versprechen sah ich nicht als die »klaren, präzisen Verpflichtungen« an, die ich vom Staat erwartete.

Ich setzte meinen Streik vor dem Gerichtsgebäude von Reggio Calabria fort.

Teresa und Tonino Cordopatri

10

Innenminister Roberto Maroni

Angelica sorgte sich immer mehr um meine Gesundheit. Tatsächlich war ich schon ziemlich schwach und verbrachte meine Tage ausschließlich auf dem rosa Feldbett vor dem Gerichtsgebäude an der Piazza Castello; ich aß nichts und verweigerte auch die künstliche Ernährung mittels Infusion. So bombardierte meine Kusine den Innenminister, den Justizminister, den Finanzminister mit Telegrammen, Faxen und öffentlichen Aufrufen: Sie sollten sich für eine konkrete Lösung einsetzen, aufgrund derer ich den Streik abbrechen könne. Zu den Folgen des Hungers kam bei mir inzwischen aufgrund einer Infektion auch noch eine Vergiftung, die alsbald den ganzen Körper befiel.

Angelica geriet aufgrund meines Fiebers nun noch mehr in Sorge, zumal sie meine Entschlossenheit kannte, den eingeschlagenen Weg bis zum Ende zu gehen; so rief sie im Sekretariat des damaligen Innenministers Maroni an und berief sich auf dessen politische Stellung und auf sein seit Amtsantritt gerühmtes menschliches Mitgefühl. Sie bestürmte ihn, daß er sich meiner Angelegenheit annehme, bevor etwas Nicht-Wiedergutzumachendes geschah und spätere Maßnahmen nichts mehr nützten, weil sie nur noch posthum ergriffen werden könnten. Sie gab auch noch die Telefonnummer des Zeitungskiosks an, hinter dem ich aufgrund der freundlichen Genehmigung des Inhabers durchgehend logieren konnte, und hoffte auf Rückruf.

Tatsächlich kam wenige Stunden später, gegen 19 Uhr an diesem 4. Oktober 1994, ein Anruf des persönlichen Sekretärs von Innenminister Maroni mit einer Bitte Seiner Exzellenz an mich: Der Minister wolle mich sprechen, aber nicht auf der Piazza, sondern in aller Ruhe in meiner Wohnung in Reggio Calabria. Er wolle gemeinsam mit mir eine Lösung für meine Probleme mit der Mafia und mit den Steuerbehörden suchen.

Ich berichtete meiner Kusine nach dem Gespräch, daß der Minister mit mir einen Kaffee trinken wolle und zwar weitab von der Aufmerksamkeit, die mein Fall geweckt hat, weil er auch vermeiden wollte, daß die Anwesenheit eines Ministers auf der Piazza die Leute aufbrachte. Wir verließen also unsere Feldbetten, auf denen wir dreiundzwanzig Tage logiert hatten, und fuhren nach Hause, damit wir dem Minister Maroni tags darauf in der Wohnung in der Via Gebbioni 23 einen guten Kaffee servieren konnten. Der Komfort des Hauses brachte mir meinen Sinn für Humor zurück: »Endlich kann auch ich die Errungenschaften der Zivilisation des Jahres 2000 nutzen: fließendes Wasser, elektrischen Strom, Federkernmatratzen, Fernsehen.«

Nach einem erfrischenden Bad empfahl mir unser Hausarzt eine Reihe von Infusionen, die das interne Gleichgewicht nach dem Hungern wiederherstellen sollten: Glukose, Mineralsalze, Antibiotika, letztere der Infektion wegen, die sich nach den Insektenstichen über den ganzen Körper ausgebreitet hatte. Ich fühlte mich schon etwas besser, weil ich wieder ein Dach über dem Kopf hatte, war allerdings noch ziemlich matt. So vermochte ich denn auch nicht alle Journalisten zufriedenzustellen, die mich fragten, was Minister Maroni denn genau gesagt oder versprochen habe, damit ich meinen Hungerstreik abbrach. Persönlich geantwortet habe ich allerdings, als Elvira Lezona und Dr. Aldo Vergine in ihrer liebevollen Art anriefen.

Die beiden hatte ich im Gefolge des Aufsehens kennengelernt, das mein Fall erregt hatte; daraus war dann eine Freundschaft entstanden, die sich auch auf die gleiche Einschätzung gründete, mit der wir die Unregelmäßigkeiten und Abnormitäten unseres Landes deuteten: Wir sahen uns seit vierzig Jahren regiert von einer Politikerschicht, die ihren Gefolgsleuten Machtpositionen zuschanzte, dabei fett wurde und alle anderen alleine ließ nach dem Motto »Hilf dir selbst, aber störe dabei nicht die Macht«.

Elvira hatte meine Freundschaft auch durch ihre Liebenswürdigkeit und ihre Lebensgeschichte gewonnen. Sie hatte ihr Geburtsland in Südamerika verlassen auf der Suche nach einem Ambiente, das ihren kulturellen Bedürfnissen mehr Freiheit gestattete, und war am Ende in Italien geblieben. Damals arbeitete sie in einer Arbeitsgemeinschaft mit Dr. Aldo Vergine, in der die beiden das schwierige Leben der Arbeiter im italienischen Süden und die Widersprüche des italienischen Wohlstandes dokumentierten. Die beiden Filmemacher waren besonders geschickt darin, die jeweils wichtigsten Punkte des Lebens zu erfassen. Sie drehten dann einen Dokumentarfilm über meine Geschichte und die Ländereien von Castellace, der viele Zuschauer vor die Schirme des Dritten Kanals im Staatlichen Fernsehen RAI lockte.

Aldo bewies dabei eine typisch neapolitanische Sensibilität und zeigte hohes berufliches Können; so konnte ich ihm auch die Geschichte der Mafia, die mein Leben und das meines Bruders zerstört hat, anvertrauen. Über die Fernsehschirme wurde mein Fall so noch viel mehr italienischen Familien bekannt, was sich in den Tagen danach auch durch zahlreiche Solidaritätsbekundungen vermittels Telegrammen und Briefen an meine neue Adresse Via Castello zeigte. Elvira und Aldo nannte ich fortan »meine Retter«. So hatte ich, als sie anriefen, auch das Bedürfnis, ihnen persönlich dafür zu danken, daß sie die öffentliche Meinung über das Vorgehen der Mafia in Kalabrien informiert hatten.

Angelica riet mir nach dem Abendessen, bei dem ich nur ein paar Löffel Suppe zu mir genommen hatte, ins Bett zu gehen. Es war ein wunderschöner Frühherbstabend; und wie wir das gewohnt waren, blieben wir auch an diesem 4. Oktober noch einige Zeit zum Plaudern im Wohnzimmer.

Ich sprach über meine Familie, vertraute meiner Kusine an, daß ich mich in den verzweifeltsten Augenblicken meines Lebens, wenn ich glaubte, angesichts all des Unheils keine Kraft mehr zu haben, an meine Mutter wandte und sie bat, mir beizubringen, wie man die Kraft und den Mut finden kann, den sie in ihrem Leben immer gezeigt hatte.

Ich überließ mich der Erinnerung an meine Mutter: Sie hatte uns schon verlassen müssen, als ich noch sehr jung war und gerade mein eigenes Leben beginnen sollte. Die Beziehung zu ihr war zeitlich also nur recht kurz, doch sie war so intensiv, daß die Nabelschnur auch vom Tod nicht zerrissen wurde. Ich lebte weiter in einer Art Symbiose mit meiner Mutter, auch nachdem die Krankheit sie weggerafft hatte. Ihre Lehren und ihr Verhalten waren meine Bezugspunkte in all jenen Lebenslagen, in denen ich zwischen schwierigen Alternativen zu entscheiden hatte. Ich bewunderte ihre Zurückhaltung und ihre Anpassungsfähigkeit, gepaart mit hoher Bildung und einer lebendigen Intelligenz.

Sie hatte mir auch ihre Liebe zu Fremdsprachen vermacht; Französisch und Deutsch schrieb und sprach sie fehlerfrei. So mußte ich jeden Abend vor dem Zubettgehen auch in Französisch beten. Fremdsprachen und Geschichten fremder Länder zu kennen bedeutete nach ihrer Meinung den ersten Schritt zur Beseitigung der Barrieren zwischen den Völkern; ich sollte sie studieren, um die vielen Kulturen zu verstehen, die andere Sitten und Gebräuche als die Italiener haben. Als wir noch klein waren, erzählte sie uns gerne Märchen auf französisch oder auf deutsch.

Mit ihrer Bildung und Empfindsamkeit nahm sie bereits viele spätere Einstellungen der Frauen in der Gesellschaft vorweg. Dazu war sie auch noch eine begeisterte Pianistin, spielte hervorragend die Nocturnes von Chopin; und sie wußte alles über die deutsche Klassik. Sie schlug sich hervorragend im Sport, vor allem bei Reiter- und Schwimmwettbewerben, doch ebenso zeichnete sie sich bei den Gesprächen im großen Empfangssaal des Palazzo d'Ippolito durch ihre Konversationskunst aus, mit der sie die Aufmerksamkeit auch hochgestellter Frauen und Männer aus dem Kulturbereich, der Politik auf sich zog. Ihr guter Geschmack und ihre Eleganz verschafften ihr hohes Ansehen in den feinen Salons. Weshalb Isabella d'Ippolito auch das bevorzugte Kind ihres Vaters, Baron Carlo, war: Neben der märchenhaften Schönheit seiner Frau präsentierte er stets auch die hohe Bildung und Vielseitigkeit seiner Tochter Isabella.

Meine Mutter entwickelte auch eine große Sensibilität hinsichtlich der Schwierigkeiten und Grenzen, innerhalb derer sie das Leben einer Frau ihrer Zeit führen mußte: Daß die Frauen damals eingezwängt in vorwiegend männlichen Entscheidungen lebten, war ihr zutiefst bewußt. Sie engagierte sich für eine Verbesserung der Lebensbedingungen der Bauern auf ihren Ländereien und war daher auch weitgehend einverstanden, als ihr Mann sich entschloß, die Ländereien in Castellace selbst zu bestellen. Sie liebte und schätzte ihn über alles, und so verließ sie ohne Zögern das behagliche Leben im elterlichen Palazzo und zog in das Landhaus in Castellace, wo sie sich zufrieden der Erziehung ihrer Kinder widmete. Lediglich das Klavier sollte ihr Mann ins Landhaus bringen lassen; außerdem verlangte sie, daß die Olivensammlerinnen in den Hütten zumindest ein Minimum an Komfort vorfanden.

Natürlich war der Tagesablauf in Castellace völlig anders als der in Nicastro. Keine Salons mehr und keine große Abendtoiletten: Den mondänen Festen und Treffen folgten nun ruhige Abende am Kamin mit einem guten Buch in der Hand oder am Klavier. Für meinen Vater war es stets wundervoll, wenn er unter seinen Olivenbäumen seine Frau im Hause Klavier spielen hörte. Aus lauter Liebe fand es meine Mutter auf dem Land von Castellace auch dann noch »sehr schön«, wenn der Winter hart war und es zahlreiche Unbillen gab. Mein Vater war darob sehr dankbar; die Ehe meiner Eltern wurde noch inniger aufgrund der gemeinsam auf dem Land erlittenen und mit Hilfe ihrer Liebe überwundenen Schwierigkeiten. Mutter legte oft ihre Bücher und die Partituren beiseite, stand in der Küche und weckte all das ein, was unsere Felder so reichlich hervorbrachten. In Öl eingelegte Speisen; Marmelade und Likörherstellung wurden zu ihren Spezialitäten.

Ihre Würde, ihr Mut, ihr Opfergeist, mit denen sie die Probleme des wirtschaftlichen Niedergangs infolge mafioser Übergriffe anging, wurden zum Dreh- und Angelpunkt der Familie. Es gab keinerlei Küchenpersonal mehr, nicht einmal eine stundenweise Hilfe bei den schwereren Arbeiten; doch Mutter verlor niemals ihr Lächeln oder zeigte sich müde .

Zur Überwindung der wirtschaftlichen Schwierigkeiten beschlossen meine Eltern, einen Teil des Palazzo Cordopatri zu vermieten; Mutter strich fortan alles aus ihrem Leben, was sie für zu teuer hielt. Trotzdem war sie immer heiter und redete gerne mit allen, auch als sich der Knochenkrebs bereits sehr schmerzhaft äußerte. Sie betete zu Gott, lächelte uns Kinder an, versuchte, die Schwere ihrer gesundheitlichen Probleme zu verbergen, weil sie niemanden verstören wollte. Als wir angesichts der Verschlimmerung ihrer Krankheit immer mehr verzweifelten, erinnerte sie uns daran, daß man nie den Glauben an Gott verlieren dürfe: Auf Regen folge immer Sonne. Für mich war sie zunächst eine Spielkameradin gewesen, dann, während meiner Jungmädchenzeit, wurde sie zu meiner Freundin: eine sichere Führerin bei der Wahl der Schulfächer und der Ziele fürs künftige Leben.

An diesem 4. Oktober 1994 hatte ich eine qualvolle Sehnsucht nach jenen Abenden vor dem Kaminfeuer in Castellace, an denen ich meine Brüder, oft als Ersatz für Mutter, mit selbsterfundenen Rittermärchen bei Laune hielt: Die nahmen dann regelrecht Form an im Flackern des Feuers und den Schatten, die daraus in den Olivenspalieren entstanden.

Meine Brüder hatten sehr unterschiedliche Charaktere. Franco war ein höchst extrovertierter, fröhlicher Junge; Tonino dagegen war sehr sensibel, nachdenklich, neugierig, immer bereit zur Frage »warum«; ihn faszinierte die Landkarte der Ländereien von Castellace, auf denen die Grenzen durch Ritterfiguren mit Schwert und Flagge gekennzeichnet waren. Er war sehr lebendig, hatte ansehnliche Pausbacken, und er wollte immer seinem Vater nach, wenn dieser auf die Felder ging: Wir nannten ihn darob liebevoll das »Traberchen«. Er wußte die Namen aller Bezirke von Castellace auswendig, allerdings konnte er sie, als er noch klein war, nicht alle gut aussprechen, und das war natürlich ein Anlaß zum Lachen für uns alle.

Wenn es draußen so kalt war, daß uns Mutter nicht ins Freie ließ, verbrachten wir den größten Teil der Zeit nach dem Lernen für die Schule vor dem Kaminfeuer und aßen Mandelplätzchen, Nüsse oder Fladenbrot mit schwarzen Oliven, das die Köchinnen täglich während des Backens mit zubereiteten. Gouvernante Angelina, die uns drei bereits mit aus der Taufe gehoben hatte, folgte unserer Familie überall hin. Sie kümmerte sich um unsere Brotzeit und viele kleine Leckerbissen. Tonino kam zu ihr, wenn er trotz des Verbotes der Mutter bei schlechtem Wetter hinauswollte; da versprach er dann auch brav den Mantel anzuziehen, den Schal umzulegen, nicht in Pfützen zu treten und schneller als der Wind zu rennen, damit ihn der Rest des Gesindes nicht sah: Das seien alles »Spione«, sagte er, weil sie jede Lausbuberei bei seiner Mutter verpetzten.

Schon als seine Beine ihn noch gar nicht richtig trugen, suchte er die Hand meines Vaters, um mit ihm auf die Felder zu gehen. Deshalb bekam er als einziger von uns die Erlaubnis zum Besuch einer öffentlichen Schule, was ihm wiederum den Aufbau einer tiefen Beziehung zu den Eltern ermöglichte, die über die unsere hinausging. Als dann mein Vater gelähmt war, verzichtete Tonino auf die Gründung einer eigenen Familie, um speziell mir, die den Haushalt übernehmen mußte, wirtschaftlichen und moralischen Beistand zu geben. So wie auch ich meinerseits auf alle Zukunftspläne verzichtete, damit ich an der Seite meines Vaters bleiben konnte.

Tonino lernte bereits als kleines Kind jeden einzelnen Olivenbaum in Castellace kennen; er liebte sie genauso leidenschaftlich wie Vater. Selbstlos und zurückhaltend wie er war, trug er niemals die Probleme seiner Familie aus den eigenen vier Wänden hinaus; er gab sein Studium auf, um unserem gelähmten, sehr hilfsbedürftigen Vater wirtschaftliche Unterstützung zu bieten; und er verzichtete auf alle Vergnügungen seiner Alterskameraden, nahm jede Art redlicher Arbeit an, ohne sich zu schonen. Wir beide lenkten fortan das Leben unseres Vaters; und an seinem Lebensende hörten wir auch seine letzten Verfügungen.

Unserem sterbenden Bruder Franco versprach Tonino, sich um die Anliegen seiner Kinder zu kümmern: Er gab ihnen lohnende Einkommensquellen ab und übernahm dafür Ländereien, die aufgrund der mafiosen Übergriffe nichts abwarfen, und die dann auch zu großen wirtschaftlichen Schäden und erheblichen Gefahren führten.

Beim Gedanken an meine Familie vergaß ich alle Mattigkeit; meine Angehörigen waren noch immer die unerschöpfliche Quelle, aus der ich selbst dann noch Kraft schöpfte, als ich nach dem Tod meines Bruders keinerlei Lebenswillen mehr hatte. Aber ich mußte ja weiterleben, um im Namen meines Bruders und meiner Familie Gerechtigkeit einzufordern. Ich wollte unentwegt weiterreden über Nicastro, über Castellace, über Tonino; doch Kusine Angelica machte mich liebevoll darauf aufmerksam, daß tags darauf Minister Maroni kommen werde: ich solle mich doch ein wenig ausruhen. Es war schon Mitternacht vorbei, als wir beide ins Bett gingen.

Am 5. Oktober 1994 um elf Uhr läutete Innenminister Maroni an der Wohnung Rago, in der ich wohnte, seit mich die Mafia am 4. März 1992 zum Verlassen meines Hauses gezwungen hatte. Im

Innenhof des Gebäudes warteten bereits seit Stunden zahlreiche Fotografen, Journalisten und Kameraleute auf ihn.

Angelica, Giuseppe und ich erwarteten ihn in unserer Wohnung. Maroni war in Begleitung seines persönlichen Sekretärs und des Präfekten von Reggio Calabria; Dr. Nunzio Rapisarda. Nach den üblichen Begrüßungsfloskeln baten wir die Besucher ins Wohnzimmer, einen schönen Raum mit Palisandermöbeln und roten Samtsesseln aus dem 18. Jahrhundert, denen man ihr Alter freilich auch schon ansah – die Federn des Sofas waren bereits herausgesprungen, die Armlehne zeigte eine oberflächliche Reparatur. Der Minister bat mich, ihm meine Lage darzulegen und ihm zu schildern, wie der Druck der Mafia und der Steuerbehörden mich zu meinem Streik getrieben hatten; sein Sekretär sollte sich Notizen machen. Ich machte ihn noch vor dem Bericht darauf aufmerksam, daß derzeit Ermittlungen im Gange seien, an wen die AIMA (Verteilerstelle für Subventionen, d. Ü.) die Fördermittel der Europäischen Gemeinschaften überwiesen hatte.

Dann erzählte ich ihm meine Geschichte, auch wenn er darüber bereits informiert war. Er hörte aufmerksam zu und verbürgte sich dann für eine Aussetzung der dem Staat geschuldeten Steuern auf zwei Jahre: die Zeit also, die ich brauchen würde, um de facto wieder in den Besitz meiner Ländereien zu gelangen und die Olivenernte einzubringen, um damit dann die Steuerschuld auszugleichen.

Überrascht hat uns die Art, wie der Minister redete: Er benutzte nicht den verschwommenen, unklaren Jargon politischer Erklärungen derjenigen, die vordem das politische Leben Italiens bestimmt hatten. Wir drückten ihm in unserer spontanen Art gleich unser Vertrauen in seine eindeutigen Worte und seinen Wunsch nach genauen, unmittelbaren Angaben aus, Voraussetzung für entsprechende Antworten. Minister Maroni zeigte eine neue Art und Weise Politik zu betreiben; wir fragten ihn scherzhaft, ob sein Stil nicht vielleicht von der Tatsache herrühre, daß er einst das Palästinensertuch um den Hals getragen und den Vorstellungen der Linken angehangen hatte, bevor er zum Mann der Lega Nord wurde.

Er meinte darauf, daß seine Vergangenheit ein fester Punkt bei seinem politischen Aufstieg gewesen sei und für ihn ein Reservoir von Idealen darstelle, aufgrund derer er das ihm von den Italienern übertragene Mandat mit äußerster Transparenz auszuüben suche. Präfekt Rapisarda bat mich, ebenfalls scherzhaft, ich solle doch meinen Hungerstreik schon deshalb beenden, damit ich nicht die Gefahr einer Anzeige wegen illegaler Besetzung öffentlichen Bodens laufe. Doch Angelica und ich kannten mittlerweile unsere Rechte und antworteten daher, daß unsere Aktion keine Besetzung öffentlichen Bodens bedeute, da wir mit unseren Stühlen und Feldbetten jederzeit »leicht und schnell umziehen« konnten. Wir lachten miteinander und waren uns mit Minister Maroni einig, daß die gemeinsame Herkunft aus der Linken immer praktikable Lösungen ermögliche.

Der Minister war uns außerordentlich sympathisch, er zeigte einen ausgeprägten Scharfsinn und einen klaren Sinn fürs Praktische und kam so stets sofort zum Kern der Sache, ohne sich im Durcheinander des bürokratischen Labyrinths zu verlieren. So war er sich denn auch sofort klar darüber, welche Art von Sicherheiten ich verlangte, und welche er in seiner doppelten Position als Innenminister und als stellvertretender Regierungschef auch geben konnte. Aus diesen Gründen konnte ich nun meinen Hungerstreik beenden.

Dann tranken wir unseren Kaffee; Maroni hielt die alten Silbertassen in Händen, aus denen bereits der literarische Gast D'Annunzio getrunken hatte. Aus der Küche war das Fleisch mit Tomatensoße zu riechen, das wir am Morgen für den Mittagstisch bereitet hatten; der Minister fand, im Hause herrsche ein guter »Essensgeruch«, und wir luden ihn ein, zu Mittag bei uns zu bleiben. Es tat ihm leid, daß er ablehnen mußte, weil er schon vorher weitere Termine angenommen hatte, doch er versprach, sobald wie möglich wiederzukommen, wo doch der Küchengeruch solchen Appetit wecke. Wir freuten uns auf sein Wiederkommen und ich versprach, ihm dann gebratene Nudeln zu machen. Giuseppe wollte seine Sympathie für den Minister auch noch ausdrücken: Wenn alle Politiker ein derart transparentes Verhalten wie Maroni zeigen würden, sagte er, könnten die jungen Menschen endlich den oft gehörten Satz »Politik ist eine schmutzige Angelegenheit« vergessen. Auch ich dankte ihm noch einmal: »Ihre Art Politik zu betreiben, Exzellenz, versöhnt mich mit der politischen Führungsschicht und läßt mich doch noch auf die guten Seiten einiger Politiker der Zweiten Republik hoffen.« (Zweite Republik: Schlagwort nach der Aushebelung der politischen Klasse der »Ersten Republik« – jener nach dem 2. Weltkrieg eingeführten – infolge der Schmiergeldskandale, d. Ü.)

Angelica sagte ihm beim Abschied, ein Minister mit dem Palästinensertuch enttäusche eben nie die Erwartungen bei den Forderungen nach Gerechtigkeit. Darauf der Minister: Sein Palästinensertuch hänge am Kleiderhaken, wenn es not tue, könne er es sofort wieder umhängen. Wir schlossen die Tür hinter Maroni und seinen Begleitern und dachten, daß dieser Innenminister wahrhaftig eine neue Art hatte, Politik zu betreiben. Mit Sicherheit werde er sich damit Sympathien und Vertrauen schaffen.

Als ich mich von den dreiundzwanzig Tagen Hungerstreik einigermaßen erholt hatte, verfaßte ich zwei Dankesbriefe. Der eine ging an Innenminister Maroni, der andere an die Journalisten, die Mitbürger und die Politiker, die uns Solidarität bewiesen hatten.

Hier der Text meines Schreibens an den Minister Maroni:

Vielen Dank, Exzellenz,

Anständigkeit, politische Korrektheit, Redlichkeit, Menschlichkeit: sie haben heute einen Namen und ein Gesicht – Roberto Maroni. Als ich mich auf die Piazza setzte und meinen Hungerstreik begann, hatte ich die Erfahrung von totaler Verlassenheit seitens der Institutionen hinter mir, weil sich der Staat allenthalben gedrückt hatte. Heute, dank Ihnen, Herr Minister, ist das anders. Nicht nur ich, auch alle anderen redlichen Italiener hatten den Staat als »abwesend« bezeichnet. Dank Ihnen können wir diesen Begriff nun streichen – ich von meinem Plakat und die Italiener aus ihrem Denken. Am Ende unseres Gespräches, bei dem mich ihre Sensibilität beeindruckt hatte, sagte ich Ihnen: »Exzellenz, Sie versöhnen mich mit der politischen Führungsschicht.«

Diese Worte haben Gewicht, weil sie von einer Frau in bereits vorgerücktem Alter kommen, Tochter eines Soldaten zweier Kriege, Enkelin eines Anwaltes, der mehrere Male Abgeordneter war und hohe Ämter eingenommen hat, weil man, verehrte Exzellenz, Politik damals noch aus Idealen heraus und uneigennützig betrieb; Eigenschaften, die nun auch Ihre Tätigkeit leiten.

Mein Bruder hat niemals den Übergriffen der Mafia nachgegeben, und er hat sein Vertrauen in die Justiz und den Wert der Gesetze mit dem Leben bezahlt. Aus diesen Gründen habe ich mit der Justiz zusammengearbeitet, in der Gewißheit, meine Pflicht gegenüber meinen Verstorbenen, gegenüber dem Staat und der Gesellschaft zu erfüllen.

Ein bedeutender französischer Politiker aus der Zeit der Revolution hat den berühmten Satz gesprochen: »Das Volk geht nicht des Hungers wegen auf die Straße, sondern weil es nach Gerechtigkeit dürstet.« Genau dieses Motiv hat mich dreiundzwanzig Tage auf die Piazza Castello vor das Gerichtsgebäude von Reggio Calabria getrieben.

Herr Minister, dank Ihnen kann das Wort Gerechtigkeit wieder in den Sprachgebrauch der italienischen Politik zurückkehren.

Noch einmal Dank und mit meiner uneingeschränkten Hochachtung und unauslöschlichen Dankbarkeit

Teresa Cordopatri dei Capece

Und hier das öffentliche Dankschreiben, das ich der Nachrichtenagentur ANSA zugeleitet habe:

Ich möchte meinen Dank aussprechen gegenüber der gesamten Presse, die meine Auseinandersetzung mit der Mafia und mit den Steuerbehörden richtig gewertet und so meinem Protest Hilfe und Unterstützung verschafft hat, und allen Journalisten, die meinen Protest von der Piazza Castello in die zuständigen Ämter staatlicher Repräsentanten hineingetragen haben. Weiterhin danke ich der Abgeordneten Sandra Bonsanti, dem Abgeordneten Bertinotti, dem Abgeordneten Borgoni, dem Abgeordneten Tano Grasso, der Abgeordneten Rita Commisso, dem Senator Girolamo Tripodi, dem Senator Emilio Argiroffi Raber, dem Professor Domenico Petrolo. Dank an alle Politiker, die mir ihre Unterstützung gewährt und in meinem Protest die Zeichen eines weitverbreiteten gesellschaftlichen Mißstandes erkannt haben und die sich engagiert haben, die Mafia ein für alle Male aus dieser Gegend zu vertreiben. Ich danke allen kulturellen und gesellschaftlichen Vereinigungen für die mir gegenüber erwiesene Solidarität; ich hoffe mit ihnen, daß sich künftig ein freies Kalabrien entwickelt, das Arbeit und Gerechtigkeit gewährt.

Dank auch an alle Bürger Reggios, die mir ihre Solidarität durch Blumen auf dem Bürgersteig vor meiner Wohnung bewiesen haben: Ihre Freundschaftsbeweise haben mich tief berührt. Ich danke auch herzlich Monsignore Denisi, der meinen Fall im »Osservatore Romano« aufgerollt hat, sowie allen Geistlichen und Ordensschwestern, die meinen dreiundzwanzig Tagen Protest durch ihre liebenswürdigen Worte und ihre Solidaritätsgesten etwas von ihrer Härte genommen haben. Ein besonderer Dank an Padre Sibilio, der mich zum Trost des Gebetes hat zurückfinden lassen. Dank an die Abgeordnete Parenti, an die Antimafiakommission und an den Minister Maroni, der mich in die Lage versetzt hat, meinen Ranzen wieder zu schnüren und heimzukehren. Und Dank an alle, die mir nahe gewesen sind.

Teresa Cordopatri

11

Der Prozeß

Am 28. Februar 1994 begann der Prozeß gegen Saro Mammoliti und seine Gefolgsleute. Die Atmosphäre war äußerst gespannt. Die Angeklagten empfingen mich mit unwiederholbaren Schimpfworten, die sich vor allem auf meine Moral bezogen, und mit Drohungen gegen Leib und Leben.

Von den vielen Menschen, die nach den Ermittlungserkenntnissen Schäden erlitten hatten, Drohungen, Erpressungen und anderen Übergriffen des Clans Mammoliti ausgesetzt gewesen waren, zeigte sich niemand im Gerichtssaal, um als Nebenkläger aufzutreten; eine Ausnahme machte lediglich der Landbesitzer Pasquale Leuzi. Die ersten Sitzungen des Gerichts galten dem Vortrag des Gutachters beim Schwurgericht Reggio Calabria, Ingenieur Scaringi, dem die Aufgabe der Feststellung aller vom Clan ausgebeuteten Ländereien übertragen worden war.

Schon dem ersten Gutachten des Sachverständigen widersprach die Anzeige, die ich zusammen mit meiner Kusine Angelica Rago seinerzeit bei den Carabinieri von Palmi erstattet hatte: Ich erkannte die vom Sachverständigen angegebenen Olivenplantagen und Häuser nicht als die meinen an. Darauf wurden andere Gutachter mit der Feststellung der Ländereien beauftragt. Nach dieser einleitenden Phase des Verfahrens beantragte die Verteidigung für eine Reihe von Angeklagten die Aufhebung der Haft zugunsten von Hausarrest, für andere die Überstellung in Krankenhäuser. Doch die Ärzte stellten jeweils gute Gesundheit bei den Angeklagten fest, und so blieben die Mammoliti Gäste der italienischen Gefängnisse.

Es gab an sich zahlreiche Zeugen, die kriminelle, strafrechtlich verfolgbare Angriffe gegen ihr Eigentum oder ihre Person erlitten hatten, und die deshalb zugunsten der Anklage hätten aussagen sollen. Doch fast alle erinnerten sich im Gerichtssaal nur noch ihrer guten Beziehungen zum Clan. Ihren Angaben nach hat die Mafia eine Funktion, die etwa in der Mitte liegt zwischen einem unentgeltlichen Hilfszentrum für bedürftige Menschen und einer effizienten Notfallversorgung, als Ersatz für jene staatlichen Einrichtungen, denen es heute praktisch an allem fehlt.

Einige der Zeugen bezeichneten die Bosse als äußerst gute Menschen, voller Nächstenliebe und stets zur Hilfe für den anderen Menschen bereit. Die Hin- und Herschieberei von Schecks zwischen ihnen und den Angeklagten sahen sie als »vielleicht etwas merkwürdige Form geldwerter mafioser Hilfe« an; selbstverständlich seien diese Gelder dann »gerechterweise« zurückgegeben worden. Ihrer Ansicht nach sei die Mafia besser als irgendeine Bank, verlange sie doch keinerlei Zinsen! Die Zeugen erzählten dem Präsidenten auch von den vielen Malen, wo Don Saro ihnen bei der Überwindung wirtschaftlicher Schwierigkeiten geholfen hatte.

Die Schwierigkeiten für die Zeugen begannen, als sie nicht erklären konnten, wieso sie dann in polizeilich mitgeschnittenen Telefongesprächen bei den Bossen nachgefragt hatten, wie sie vor Gericht begründen sollten, daß sie die von der Mafia erhaltenen Schecks niemals eingelöst hatten. Die Ermittlungen hatten diese Doppelgleisigkeit offengelegt: Mit der Aushändigung der Schecks kam die Mafia formal ihren gesetzlichen Pflichten nach; doch die Empfänger hüteten sich, die Schecks einzulösen – es hätte ihren Tod bedeutet.

Diese niemals eingelösten Schecks waren jeweils die scheinlegale Anzahlung für die Überschreibung einer Liegenschaft seitens des Eigentümers an den Clan. Anzeigen wegen der vor dem Verkauf der Grundstücke angerichteten Schäden und ausgesprochene Drohungen richteten sich stets »gegen Unbekannt«, niemals gegen die konkrete Person; diese war es dann aber, die das Land zu einem lächerlichen Preis kaufte und dann nie bezahlte.

Bürger oder Mitglieder von Antimafiagruppen aus Reggio ließen sich während der Verhandlung ebensowenig sehen wie jene Repräsentanten sozialer oder kultureller Vereinigungen, die ihr Ansehen gerade auf die Verteidigung und den Schutz von Bürgerrechten gründeten. Ich war völlig allein. Der Zuschauerraum des Gerichtssaales war überfüllt mit Verwandten, Freunden, Helfern der Familie Mammoliti und Besuchern aus der Ebene von Gioia Tauro. Journalisten und Fernsehteams berichteten auf regionaler wie nationaler Ebene über die Sitzungen. Die Tage vor meiner Aussage waren enorm spannungsgeladen; von der Verteidigerbank brandete mir einmal bei meinem Eintreten der Ruf entgegen:

»Die Cordopatri sind Scheißtypen.«

Am 22. Dezember 1994 zog ich meine schwarze Hose und die dazu passende Kostümjacke an und stellte mich vor dem Hochsicherheitsgerichtssaal den Fotografen und Journalisten – und danach drinnen der langen Reihe von Fragen seitens der Verteidiger. Diese versuchten mich Stunden um Stunden mit all den ihnen zur Verfügung stehenden juristischen Kniffen in Schwierigkeiten zu bringen: Schließlich müßten sie ja, so sagten sie, die Glaubwürdigkeit jeder einzelnen Aussage meinerseits überprüfen. Ich stellte mich den langen Kreuzverhören möglichst mit einem freundlichen Lächeln, in der Sache aber mit großem Ernst und großer Härte. Die schmerzhaften tragischen Ereignisse, über die ich berichtete, waren untilgbar in mein Inneres eingebrannt, und so konnte ich auch alles mit präzisen Bezügen, Daten, Namen und Vorgängen berichten. Die Auftraggeber des Mordes an meinem Bruder nagelte ich mit meinen Aussagen in all ihrer Verantwortlichkeit fest.

Saro Mammoliti bezeichnete ich dem Gericht als den obersten Auftraggeber für den Mord an meinem Bruder Tonino; sein Schwager Vincenzo und sein Neffe Francesco waren dabei seine Komplizen. Dann ging ich die verschiedenen Phasen dieses Mafia-Projektes durch, bei dem aufgrund der ständigen, aber vergeblichen Erpressung dann schließlich der Mordplan entstand, den dann der Killer Salvatore Larosa ausführte. In dessen Telefonbüchlein war übrigens die Handy-Nummer von Salvatore Mammoliti verzeichnet; bei einer normalen Straßenkontrolle durch Carabinieri waren die beiden auch einmal zusammen in einem Auto gesehen worden.

Ich berichtete dem Gericht, welch ununterbrochener Fluß mafioser Aktionen sich bei gleichzeitig fehlendem staatlichen Schutz ergeben hatte, der sich vom ersten Übergriff 1963 – als Vincenzo Mammoliti, der ältere Bruder Don Saros, vor den

Augen meines Vaters als Demonstration ihrer Anmaßung und ihrer Absichten in unsere Olivenplantagen eindrang – bis zum 10. Juli 1991 mit der Exekution ihres Todesurteils gegen meinen Bruder hinzog. Eine Entwicklung, die die Familie Mammoliti zu einem der mächtigsten Clans der Ebene von Gioia Tauro gemacht hat. Auf diesen beiden Aspekten – Mafia einerseits, fehlende staatliche Präsenz andererseits – beruhten all die Vorgänge, die mit unterschiedlicher Bedeutung zur Konkretisierung der verschiedenen kriminellen Vorhaben beitrugen.

Ich berichtete über die Vorschläge von Politikern, Justizbeamten, Verwandten, die mir allesamt zur Abgabe der Ländereien an die Mafia geraten hatten und dabei vergaßen, daß das Gesetz doch das Privateigentum garantiert und das Recht auf Besitz und Nutzung schützt. Außerdem gab ich die Gründe an, die meines Erachtens den Baron Ippolito d'Ippolito, meinen Vetter, dazu veranlaßt hatten, als Vermittler zwischen meinem Bruder und der Mafia tätig zu werden. Eine Aktion übrigens, die mein Vetter vor Gericht bestätigte.

In diesem Zusammenhang erzählte ich auch, was mein Bruder Tonino in Gegenwart meiner Kusine Angelica berichtet hatte: Beim Besuch in einem Autogeschäft hatte ihn Francesco Mammoliti, kaum daß er ihn bemerkt hatte, drohend angefahren: »Was zögert Ihr noch, mir meine Ländereien zu geben? Herr Baron, wir haben viel Geduld mit Ihnen gehabt. Passen Sie auf, was Sie tun! Zwingt uns nicht, den Worten Taten folgen zu lassen. Sie wissen doch wohl, daß die Mammoliti nicht zu Späßen neigen.«

Tonino, der die ständigen Übergriffe leid war, antwortete aufgebracht: »Du wirst meine Ländereien nie kriegen. Vom wem hast du sie denn geerbt? Von deiner Mutter etwa?«

Er verließ die Autovertretung, stieg in seinen Wagen und fuhr nach Hause. Vetter d'Ippolito hatte ihn lediglich begleitet und war nicht mit ins Autogeschäft hineingegangen, war also bei dem Gespräch zwischen Francesco Mammoliti und Tonino nicht dabei. Vor Gericht erinnerte sich d'Ippolito an den Vorfall allerdings als »herzliches Wiedersehen zwischen Freunden«, die sich am Ende gar umarmt hätten. Er selbst, der Baron d'Ippolito, habe Vincenzo Mammoliti ebenfalls begrüßt.

Ich konnte meine Empörung nicht verbergen; als mein Vetter

dann mit gesenktem Kopf neben mir Platz nahm, stand ich auf und sagte: »Feiger Kerl!«

Einen Augenblick war alles still im Gerichtssaal. Niemals hatte sich ein d'Ippolito in den sechs Jahrhunderten ihrer Vergangenheit je irgendwelchen Drohungen gebeugt. In den Geschichtsbüchern Kalabriens kann man nachlesen, wieviel Stolz man bei den d'Ippolito von Generation zu Generation weitergegeben hat: Ihre Vorfahren waren lieber ins Gefängnis gegangen, als politischem Druck nachzugeben; doch nun, 1994, unterstützte ausgerechnet ein d'Ippolito die Aussagen Vincenzo Mammolitis, eines Mafiabosses, der des Mordes an d'Ippolitos Vetter Antonio Carlo Cordopatri dei Capece angeklagt war.

Nach Vetter d'Ippolito trat Francesco Ventrice in den Zeugenstand, ein Sohn unseres Pächters, der sich nach seiner Verhaftung im Gefängnis umgebracht hatte.

Francesco Ventrice unterhielt sich vor seiner Aussage freundschaftlich mit den Mammoliti. Er war ein großgewachsener Bursche in schwarzem Hemd und schwarzer Hose und zeigte einen deutlich ins Gesicht gezeichneten ergebenen Schmerz. Er saß sehr verkrampft da und errötete im Gesicht und bis hinunter in den Nacken, während er mit gesenktem Blick und leiser Stimme redete. Seine gesamte Aussage zielte darauf ab, die ausgezeichneten Beziehungen zwischen seinem Vater, den Baronen Cordopatri und der Familie Mammoliti zu belegen. Während seiner Aussage schloß er oft die Augen, leckte sich über die Lippen und quetschte die Hände nervös ineinander. Als er seine Aussage beendet hatte, stieß er einen Seufzer der Erleichterung aus und ging dann mit gesenktem Kopf hinaus. Meiner Ansicht nach litt er selbst ziemlich unter seiner Aussage. Aus all seinen Gesten und Worten schien das Leid zu sprechen, das der junge Mann bei den Lobsprüchen auf Vincenzo Mammoliti empfand. Vielleicht hätte es ihn weniger gekostet, die Wahrheit zu sagen.

Noch während der Eingangsphase des Prozesses erschienen in der Presse Informationen über die Ergebnisse der Untersuchungskommission im Falle Cordopatri. Aus Erklärungen des Ministers Maroni war zu entnehmen, daß die AIMA von Reggio Calabria die Subventionen sogar noch nach Beginn des Prozesses an die Familie Mammoliti überwiesen hatte, ohne daß diese natürlich ihr Eigentum an den Ländereien oder auch nur einen Pachtvertrag belegen konnte. Die letzte Zahlung war noch in der zweiten Hälfte des Oktobers 1994 erfolgt, mithin geraume Zeit nach Beginn des Prozesses. Seit zwei Jahren saßen die Mammoliti im Gefängnis, die Beamten der AIMA wußten von den Anzeigen der Cordopatri und dem Verbot, noch irgendwelche Beträge an die Mammoliti auszuhändigen, da es keinerlei Berechtigung dafür gab.

Politiker, Verwandte und auch alle anderen Personen, die ich in den Zeugenstand rufen ließ, dementierten vor Gericht, jemals auch nur die geringste Beziehung mit unserer Familie gehabt zu haben. Einige vergaßen sogar, daß sie mit den Cordopatri verwandt waren, und daß sie bei Festen oder Beerdigungen in der Öffentlichkeit neben uns gesessen haben.

Auch Dr. Renato Caminiti erklärte, er kenne die Geschwister Cordopatri überhaupt nicht. Mit dieser Einlassung geriet er jedoch in offenkundige Schwierigkeiten, als ihn Rechtsanwalt Rossa fragte, ob die Klinik Caminiti in Villa San Giovanni ihm gehöre und ob er in dieser seit jeher als Chirurg tätig sei. Schließlich mußte er auf drängende Vorhalte des Dr. Carlo Rossa einräumen, daß Mariarosa Mammoliti nach ihrer Verhaftung bei ihm eingeliefert worden war, und daß bei ihm auch sowohl Isabella Cordopatri 1964 und danach ihr Mann Mimì 1979 operiert worden waren und lange Zeit in der Klinik gelegen hatten – wie im übrigen auch die Krankenblätter auswiesen.

Der Vorsitzende des Schwurgerichts fragte mich während einer meiner zahlreichen Vernehmungen, warum denn weder meine Verwandten noch ich jemals all die Vorgänge angezeigt hatten, von denen ich nun vor Gericht redete. Ich erklärte ihm, daß wir das dreißig Jahre lang getan hatten, doch daß alles nutzlos gewesen war, weil die Politik damals alles abgedeckt hatte. Danach fragte ich umgekehrt den Vorsitzenden:

»Wem hätten wir denn unsere Probleme mit der Mafia erzählen sollen? Vielleicht einem dieser Minister von damals, die nun selbst Ermittlungsverfahren am Hals haben?«

Ich berichtete, daß ich erst im September 1993, als ich beim Abgeordneten und Vorsitzenden der Antimafiakommission, Luciano Violante, einen Termin bekam, jemanden gefunden hatte, der mich anhörte und der danach Ermittlungen über die Mafia in Kalabrien anordnete. Außerdem bestätigten die Ereignisse der letzten Jahre ja wohl die Vorbehalte meiner Familie hinsichtlich der Politiker, die damals Italien beherrschten: Die Hälfte der Parlamentsabgeordneten aus den Regierungsparteien seien doch nun in Ermittlungsverfahren verwickelt. Genau diese Politiker, gegen die man nun ermittle, seien aber die Leute, von denen die Opfer der Mafia seinerzeit Gerechtigkeit hätten verlangen sollen.

Wachtmeister Gerolamo Broccio, ein mutiger, guter Carabiniere des Kommandos von Reggio Calabria, wies auf die Angst hin, die die Mafia mit ihren gewalttätigen, blutigen Zwangsmaßnahmen einzuflößen vermag und mit denen sie ihren Verschwiegenheitskodex durchsetze. Er berichtete über das Protokoll, das er nach den vertraulichen Hinweisen des Pasquale Leuzzi angefertigt hatte: Der hatte die Schäden angezeigt, die auf einem seiner Grundstücke angerichtet worden waren, doch dabei absichtlich keinerlei Namen genannt, mit der Erklärung, daß er oder seine Familienmitglieder im anderen Falle mit Sicherheit Repressalien erleiden würden. Am 14. Februar 1995 widmete der Gerichtshof den gesamten Nachmittag lang den Aussagen meiner Kusine Angelica Rago.

Sie begann mit dem erwähnten Besuch des Pächters Ventrice bei uns, berichtete dann über den Anruf des d'Ippolito bei Tonino und danach über das Vertrauen, das mein Bruder in einen Richter gesetzt hatte, den er im Frühjahr 1990 auf Anraten eines Anwalts empfangen hatte: Er hatte geglaubt, in diesem Richter endlich einen Vertreter der Justiz gefunden zu haben, der ihm den richtigen Weg für die Rückkehr zu seinen Bäumen in Castellace aufzeigen konnte. Doch auch dieses Mal wurden Toninos Erwartungen enttäuscht.

Angelica kannte schon aufgrund ihrer inneren Nähe und engen Verwandtschaft unsere Familie sehr gut und konnte so den langen Leidensweg bezeugen, der uns alle in unserer Gegnerschaft zur Mafia einte. Und schließlich hatte Tonino außer mir auch ihr seine Denkschrift anvertraut: Sie war daher die einzige Person außer mir, die aufgrund dieser Lektüre nach seinem Tod die quälenden Zweifel an seinen letzten Lebenstagen kannte.

Tonino glaubte, daß der Anwalt, dem er den Plan zum Fällen

der Bäume anvertraut hatte – nachdem dieser ihm seine Hilfe bei der Kontaktaufnahme zu Holzverarbeitern in Brescia versprochen hatte – alles an den Clan Mammoliti verraten hatte, was die Mafiosi ihm dann durch Drohanrufe klargemacht hatten.

Das enge Vertrauensverhältnis, das sich zwischen Tonino, mir und Angelica im Laufe der Zeit entwickelt hatte, machte meine Kusine zur Zeugin aller Einzelheiten in diesem einsamen Kampf gegen die Gesetzlosigkeit; ohne Zögern erzählte sie dem Gericht alles, was sie beobachtet oder was man ihr anvertraut hatte. Sie berichtete von den düsteren Jahren des Filzes von Politik und Mafia, aus dem die Mafia als eine riesige Holding hervorging, die alle Einzelheiten des Lebens in Kalabrien zu bestimmen und zu kontrollieren vermochte. Sie sprach über jenen kalabresischen Politiker, der sich aufgrund seiner politischen Macht als Mittler zwischen den Mammoliti und Tonino anbot und meinem Bruder erklärte, er sei imstande, ihm als Mann des Machtapparats viel mehr Verdienst zu verschaffen, als er beim Verkauf zum von der Mafia festgelegten Preis verlieren würde.

Weiter berichtete Angelica dem Gerichtshof in ihrer langen Aussage, wie ich entschlossen nein zu einer Anruferin gesagt hatte, die mich um die Präsentation eines neuen Buches aus der Feder ihres Mannes gebeten hatte – es ging um die Mafia, und ich war empört darüber, weil gerade er, dieser Abgeordnete, zu jenen Politikern gehörte, die damals die Forderungen der Mammoliti unterstützt hatten. Und nun schrieb er über die Mafia.

An den letzten Sitzungstagen des Prozesses wurden zahlreiche Kronzeugen gehört: Sie bestätigten, daß Saro Mammoliti Chef jenes Clans war, der aufgrund seiner Verschwägerung mit den Familien Rugolo und Nava den größten Teil der Ländereien aus der Gemeinde Oppido Mamertina ausbeutete. Saro hatte mit der Gewalt und den Mordtaten, die ihn zur Spitzenkraft der 'Ndrangheta (Name der kalabresischen Form der Mafia, d. Ü.) in der Ebene von Gioia Tauro gemacht hatten, sämtliche legalen Eigentümer seinen Forderungen unterworfen und danach beschlossen, den einzigen mit dem Tode zu bestrafen, der sich ihm weiterhin widersetzte: Tonino Cordopatri. All das enthüllten die Mafiaaussteiger und zeigten damit auch die verschiedenen Aspekte der Pläne der kalabresischen 'Ndrangheta auf.

Noch deutlicher und detailreicher ging dies dann aus den Aussagen des Kronzeugen Annunziato Raso hervor: Den hatte die Mafiagruppe Piromalli-Molè, die mit der Gruppe Mammoliti um die Vorherrschaft in der Ebene von Gioia Tauro stritt, mit der Beseitigung Don Saros und seines Bruders Nino beauftragt. Raso konnte die Aktion nur deshalb nicht durchführen, weil inzwischen der gesamte Mammoliti-Clan verhaftet worden war.

Raso berichtete im Lauf eines anderen Gerichtsverfahrens, er habe selbst direkt aus dem Mund Don Saros gehört, daß dieser »seinem Neffen Francesco Befehl zur Beseitigung Cordopatris gegeben habe, damit sich alle klar darüber sind, daß die Mammoliti nicht spaßen, sondern weiterhin das tun werden, was sie immer getan haben«.

Endlich hatte ich, die »merkwürdige Baronin«, es nicht mehr nötig zu beweisen, daß meine Behauptungen so »merkwürdig« doch nicht waren.

Wie üblich saßen meine Kusine und ich nach dem Abendessen noch im Wohnzimmer beisammen und kommentierten die Ereignisse des Tages. Dieser Abend war besonders aufregend, gerade im Gefolge der Aussagen des Kronzeugen Raso, die tags danach auch in vielen Zeitungen standen. Wieder einmal saß ich in jenem Sessel, der auch schon in den schönen Zeiten unserer Familie dagestanden hatte, und in dem ich beim Ausruhen nun auch meine Einsamkeit und meine Trauer durchlebte. Ich erinnerte mich an die Worte des Rektors der Universität Reggio Calabria, Professor Rosario Pietrapaolo, eines hochgebildeten Mannes, der sich sehr um die Erwartungen der jungen Menschen kümmerte, und der bei jeder kulturellen und gesellschaftlichen Demonstration in Reggio dabei war:

Er hatte mir während meines Hungerstreiks seine Solidarität bezeugt und dabei gesagt, daß die Dinge sich in Kalabrien erst ändern würden, wenn jemand den Mut zum Reden fände und ihm andere danach folgten. Bürgerproteste, sofern sie legitim sind, sind nach Ansicht des Rektors klare, entschlossene Forderungen an den Staat, die dieser nicht zum Schweigen verdammen könne; sie stellten eine Art Nagelprobe dar sowohl für die Qualität politischer Entscheidungen in Kalabrien, wie auch für das Bewußtsein der großen Probleme der Region in unserer Führungsschicht.

Ich hatte darauf geantwortet, daß Proteste »die öffentliche Anzeige von Mängeln des Staates durch einen Bürger« seien. »Aus der Art der Reaktion«, so der Rektor weiter, »erkennt man die Fähigkeiten und die Transparenz der politischen Schicht, die gerade an der Macht ist.« Niemals sollten wir vergessen, daß wir, nur wir selbst, die Repräsentanten der gesamten Gesellschaft seien.

Ich hatte meine Aussagen aus meiner Verzweiflung über den Tod meines Bruders heraus und getreu unserer Familienethik gemacht, doch meine Worte blieben nicht nur eine kleine Bresche in der Mauer des Schweigens. Die Kronzeugen öffneten mit ihren Enthüllungen jenes große Tor, durch das die Bürger von Reggio Calabria nun zur Wiederherstellung der Gesetzlichkeit und zum Schutz des Rechtes strömen und so für Reggio Calabria eine Zukunft im Frieden und Arbeit schaffen konnten. Wir hofften jedenfalls an diesem Abend, daß sich die Worte des Professors Pietropaolo verwirklichen würden.

Die Erklärungen des Kronzeugen Annunziato Raso konnte man schon einige Tage vor der beabsichtigten Vernehmung in unserem Prozeß in Reggio Calabria aus den Zeitungen und dem Fernsehen entnehmen: Er hatte sie in einem anderen Verfahren am 22. April 1995 gemacht, und man erwartete nun die Bestätigung in personam beim Prozeß gegen Saro Mammoliti und seine Gefolgsleute. Am vorgesehenen Tag sandte Raso jedoch ein Fax und erklärte, er könne nicht kommen. Der Staatsanwalt beantragte eine neue Ladung zu seiner Vernehmung. Der Gerichtshof zog sich zur Beratung zurück und beschloß dann, Raso nicht mehr zu vernehmen. Die Begründung dazu lautete folgendermaßen:

Erste Instanz des Schwurgerichts
von Reggio Calabria

Die Erste Instanz des Schwurgerichts von Reggio Calabria erläßt nach der Beratung im Beratungszimmer unter Anwesenheit der folgenden Personen

Dr. Paolo BRUNO, Vorsitzender und Berichterstatter

Dr. Vincenzo GIGLIO, Richter
Herr Vincenzo ATTINÀ, Geschworener
Frau Rita RACCO, Geschworene
Frau Concetta AGNELLO, Geschworene
Frau Olga CORIGLIANO, Geschworene
Herr Rocco MARRA, Geschworener
Frau Angela OLIVERI, Geschworene
nach Antrag der Parteien folgenden Beschluß:

Der Antrag auf Anhörung eines neuen Zeugen seitens des Staatsanwalts als außerordentliches Beweismittel ist erst geschehen, als die reguläre Phase der Ermittlungen im gerichtlichen Verfahren sowie auch die zusätzliche Phase gemäß Strafprozeßordnung Artikel 507 bereits abgeschlossen waren.

Die Zulassung des neuen Zeugen war auch aufgrund der erklärten Bereitschaft desselben zu Aussagen geschehen, die sich im Rahmen der Prozeßökonomie bewegten.

Aus der Mitteilung seiner Abwesenheit zum heutigen Tage ergibt sich, daß der Zeuge auf seine Anwesenheit in der Sitzung verzichtet hat und damit offenkundig die vorher gezeigte Bereitschaft zur Zusammenarbeit zurückgenommen hat. Bei einer eventuellen zwangsweisen Vorführung, sofern diese überhaupt zulässig wäre, würde die Benutzung der vom Staatsanwalt unter Bezug auf den Artikel 430 des Strafprozeßrechtes eingeholten Erklärungen in Zweifel zu ziehen sein.

Zudem lassen die Vorschriften über die Höchstdauer der Untersuchungshaft keine weiteren Verzögerungen in der Urteilsfindung mehr zu.

Aus diesem Grunde wird die Ladung des Zeugen aufgehoben.

Zulässig und prozeßerheblich erscheint dagegen die Dokumentation der Aussage, die die Kläger angeboten haben.

Aus diesem Grunde widerruft der Gerichtshof die Zulassung des Zeugen Annunziato Raso und ordnet die Beiholung der von der Staatsanwaltschaft gesammelten Dokumentation an.

Das Verfahren wird fortgesetzt.

Reggio Calabria, 22.4.1995
Der Vorsitzende
Dr. Paolo Bruno

Ich sandte daraufhin ein Fax an die Presse und brachte meine Besorgnis zum Ausdruck:

An die Nachrichtenagentur ANSA

Ich möchte die Presse auf die schwierige und auch merkwürdige Situation aufmerksam machen, die sich im Prozeß gegen den Clan Mammoliti-Rugolo-Nava im Hochsicherheitsgerichtssaal in Reggio Calabria ergeben hat.

So besteht in diesem Verfahren durchgehend die Gefahr, daß ein ganzes Jahr gerichtlicher Arbeit umsonst gewesen sein könnte, wenn sich auch nur ein einziger Geschworener eine Erkältung zuzieht, weil dann dem Gerichtshof die vorgeschriebene Zahl der Geschworenen fehlen würde. Dies würde natürlich die unverzügliche Freilassung der Mammoliti bedeuten, die wegen Mordes, Bildung einer mafiosen Vereinigung, Erpressung und so weiter angeklagt sind.

Dazu kommt auch noch der merkwürdige Verlauf, den die Justiz in unserer Stadt nimmt. Just in einem historischen Augenblick, wo in allen Gerichtssälen Kronzeugen der Mafia zur Wahrheitsfindung gehört werden, wurde dem Mafiaaussteiger Raso im Hochsicherheitsgerichtssaal von Reggio Calabria die Möglichkeit verwehrt, vor Gericht zu erscheinen und zu bestätigen, was er bereits in einem anderen Verfahren über die kriminellen Pläne des Saverio Mammoliti ausgesagt hatte; Pläne, die auch zur Ermordung des Antonio Cordopatri geführt haben. Der Vorsitzende Bruno hat Raso aus Gründen der »Prozeßökonomie« nicht vernommen. Ist die »Prozeßökonomie« am Ende wichtiger als die Wahrheitsfindung? Warum verwehrt man in Reggio Calabria einem Kronzeugen die Zusammenarbeit mit der Justiz?

Sucht man beim Prozeß Mammoliti wirklich nach der Wahrheit?

Oder erlebt die Justiz in Reggio Calabria eine historische Gegenbewegung?

Pressevertreter empfange ich gerne am 27. April in der Wohnung meiner Kusine Angelica Rago in Reggio Calabria.

Vielen Dank

Teresa Cordopatri dei Capece

Die von mir geäußerten Besorgnisse fanden eine erste Resonanz in einem Artikel des Journalisten Pollichini in der »Gazzetta del Sud«:

Wenn der vorgesehene Terminplan eingehalten wird, soll morgen Staatsanwalt Gianni Tei sein Plädoyer im Prozeß gegen Saro Mammoliti und seinen Neffen Francesco wegen des Mordes am Baron Antonio Carlo Cordopatri sowie gegen die Mammoliti und fünfundzwanzig weitere Angeklagte wegen mafioser Bandenbildung, schwerer Erpressung und weiterer Verbrechen beginnen.

Gestern hat Baronin Teresa Cordopatri, die wegen der diesem Prozeß zugrundeliegenden Vorfälle vergangenen September eine massive Protestaktion durchgeführt und den Justizpalast drei Wochen lang »bewacht« hat, ihren Kampf wiederaufgenommen und »neue merkwürdige Manöver« im Zusammenhang mit dem Prozeß benannt; für heute nachmittag hat sie eine Pressekonferenz einberufen und »aufsehenerregende Neuigkeiten« angekündigt.

In einem Fax an die verschiedenen Zeitungsredaktionen hat die Baronin ihre Befürchtungen bereits genannt: »Ich möchte die Presse auf die schwierige und auch merkwürdige Situation aufmerksam machen, die sich im Prozeß gegen den Clan Mammoliti-Rugolo-Nava im Hochsicherheitsgerichtssaal in Reggio Calabria ergeben hat. So besteht in diesem Verfahren durchgehend die Gefahr, daß ein ganzes Jahr gerichtlicher Arbeit umsonst gewesen sein könnte, wenn sich auch nur ein einziger Geschworener eine Erkältung zuzieht, weil dann dem Gerichtshof die vorgeschriebene Zahl der Geschworenen fehlen würde. Dies würde natürlich die unverzügliche Freilassung der Mammoliti bedeuten, die wegen Mordes, Bildung einer mafiosen Vereinigung, Erpressung und so weiter angeklagt sind.«

Tatsächlich scheint die Befürchtung der Baronin Cordopatri durchaus begründet, auch wenn es nicht leicht war, dies nachzuprüfen: Alle Versuche einer Nachprüfung gerieten in mächtige Schwierigkeiten, obwohl es sich bei alledem um allgemein bekannte Fakten handelt und das Verfahren noch läuft und damit öffentlich ist. Bestätigen ließ sich immerhin, daß sich das Schwurgericht im Verfahren gegen die mutmaßlichen Mitglieder des

Clans Mammoliti aus sechs Laienrichtern zusammensetzt und nur zwei Ersatzleute vorgesehen sind (in anderen Prozessen gegen die Mafia gibt es aus Sicherheitsgründen wesentlich mehr Nachrücker). Von den regulären Laienrichtern ist einer bereits ausgeschieden, weil er aus ungeklärten Gründen an einigen Beratungen des Gerichtshofes nicht teilgenommen hatte, was nach den geltenden Gesetzen seine Teilnahme an der Urteilsbildung ausschließt. Trotzdem nimmt dieser Geschworene weiter teil am Verfahren, doch es ist klar, daß er aufgrund der Vorschriften des Strafprozeßrechtes nicht bei der Entscheidung in diesem Prozeß mitwirken kann.

Aus diesen Gründen fürchtet die Baronin Cordopatri, vielleicht etwas zu pessimistisch, daß nun eine »Erkältung« genüge, um die notwendige Zahl der Geschworenen für die Beratungen über das Urteil nach einem Jahr Verfahrensdauer zu unterschreiten. In ihrem Fax übt die Baronin Cordopatri auch heftige Kritik vor allem wegen des Beschlusses der Kammer, den Kronzeugen Annunziato Raso nicht, wie vom Staatsanwalt beantragt, zu vernehmen.

»Just in einem historischen Augenblick, wo in allen Gerichtssälen Kronzeugen der Mafia zur Wahrheitsfindung gehört werden, wurde dem Mafiaaussteiger Raso im Hochsicherheitsgerichtssaal von Reggio Calabria die Möglichkeit verwehrt, vor Gericht zu erscheinen und zu bestätigen, was er bereits in einem anderen Verfahren über die kriminellen Pläne des Saverio Mammoliti ausgesagt hatte; Pläne, die auch zur Ermordung des Antonio Cordopatri geführt haben.«

Den Pressevertretern und Fernsehteams, die in meine Wohnung kamen, erklärte ich noch einmal meine Sorgen sowohl hinsichtlich der Zahl der Geschworenen wie auch bezüglich des negativen Einflusses, den die Weigerung, die bereits aus der Presse bekannten Erklärungen des Annunziato Raso im laufenden Verfahren anzuhören, auf die Feststellung des gesamten kriminellen Tatkomplexes des Saro Mammoliti haben könnte.

Der Beginn des staatsanwaltlichen Plädoyers war für Freitag, den 28. April 1995 festgesetzt. Nach dem Eintritt des Gerichtshofes in den Verhandlungssaal verlas der Vorsitzende ein neues Fax Rasos, in dem sich dieser zur Aussage bereit erklärte und seine vormalige Abwesenheit mit dem Mangel an Geld und dem Fehlen einer Eskorte begründete. Das gesamte Verteidigerteam der Angeklagten geriet in Panik. Ein Anwalt konnte nicht mehr an sich halten und sprach von einer »Sauerei«.

Von den vergitterten Plätzen der Angeklagten scholl es wiederholt »Bastardin!« in meine Richtung. Alle Verteidiger forderten, daß Raso nicht angehört werden sollte; die Begründungen dafür waren überwiegend abstrus und verwickelt; einige zweifelten sogar die Herkunft des Fax an, was wiederum den Staatsanwalt aufbrachte: Die Anklagebehörde von Reggio Calabria arbeite in voller Transparenz und verbitte sich Unterstellungen solcher Art; er beantragte beim Vorsitzenden eine Untersuchung des Vorgangs.

Die Angeklagten waren höchst aufgeregt, liefen nervös in ihren Käfigen herum und wollten sich mit ihren Anwälten beraten, riefen laut nach diesen. Daß Raso nun aussagen wollte und der Öffentlichkeit bekanntgab, warum er dies in der vorangehenden Sitzung nicht hatte tun können, brachte Verteidigung und Angeklagte in eine schwierige Lage. Raso hatte bereits enthüllt, daß Saro Mammoliti der Auftraggeber für den Mord an Antonio Carlo Rizio Cordopatri war; doch offenbar wollte da jemand vor allem verhindern, daß er dies auch im Gerichtssaal von Reggio Calabria aussagte. Der Gerichtshof zog sich erneut zur Beratung zurück, ob man Raso vernehmen solle oder nicht, und wie man die weiteren Anträge der Verteidigung bescheiden solle. Nach fast zwei Stunden Beratung verkündete der Gerichtshof, daß Raso nicht vernommen werde. Unter den verschiedenen Begründungen dafür war auch die, daß man bereits alle Elemente zur Urteilsfindung beisammen habe.

Angelica und ich blickten einander an und fragten uns, wie es möglich ist zu wissen, was ein Zeuge aussagt, wenn man ihn nicht anhört. Erst nach seiner Aussage kann man doch die Qualität seiner Behauptungen werten und die prozessuale Wahrheit mit größerer Sicherheit suchen.

Warum also durfte die Wahrheit im Prozeß Mammoliti nicht von den Erklärungen des Kronzeugen Raso bekräftigt werden?

Aussteigern wie Scopelliti und anderen hatte man wiederholt weitgehenden Raum für ihre Zeugenaussage eingeräumt, warum nun Raso nicht? Wir fragten uns auch, warum ein aussagewilliger Aussteiger in Reggio Calabria nicht die Unterstützung bekommt, die ihm auf seinem schwierigen Weg hilft? Warum hatte man Raso nicht das Geld und die Eskorte für die Fahrt zum Gerichtssaal von Reggio Calabria zur Verfügung gestellt? Als ob eine verborgene Regie dafür sorgen würde, daß Raso und seine Schulderklärungen bezüglich des Bosses von Castellace, Don Saro, vom Gericht in Reggio Calabria ferngehalten würde. Offenbar durfte bei den Dokumenten, die Saro Mammoliti als Auftraggeber für den Mord an Baron Tonino belasten, keines sein, das ihn ausdrücklich anschuldigte. Tatsächlich hatte Saro gerade Annunziato Raso, dem ehemaligen Killer des Clans Priomalli, während einer gemeinsamen Zeit im Gefängnis anvertraut, daß er den Tod des Barons beschlossen und die Ausführung seinem Neffen Francesco anvertraut habe. Diese Wahrheit durfte, aus wer weiß welchem Grund, nicht in die Akten des Prozesses gegen Saverio Mammoliti gelangen.

Viele Fragen über die Geschichte der Mafia, die Don Saro mit dem Tod des Tonino Cordopatri verbinden, werden damit ohne Antwort bleiben. Was etwa ist mit Saverio Zumbo geschehen? Der nämlich ist kurze Zeit nach seiner Aussage im Gerichtssaal von Reggio Calabria »verschwunden«. Seine letzte Spur ist nach Zeitungsberichten sein Auto, das mit eingesteckten Schlüsseln auf einer Straße der Ebene von Gioia Tauro gefunden wurde.

Die Ländereien der Barone Cordopatri bringen Unheil: So sagen jedenfalls die Leute in der Ebene von Gioia Tauro. Wer dieses Land haben will, wird ermordet.

Auch Antonio Barca wurde umgebracht, nachdem ihm Baron Domenico, mein Vater, die Pacht seiner Olivenplantagen versprochen hatte. Mit zwei Schüssen aus der Schrotflinte wurde auch Vincenzo Licastro getötet, der Bruder unseres Landaufsehers. Mein Bruder wurde ermordet, weil er sein Land nicht an die Mammoliti herausrückte. Francesco Ventrice, Pächter unserer Olivenhaine, brachte sich im Gefängnis um. Claudio Palamara wurde mit einem Schuß in den Mund ermordet.

Saverio Mammoliti sprach während seiner Verteidigungsrede

von Geheimdiensten, sandte Botschaften aus: Er werde auspacken, falls er zu langer Gefängnisstrafe verurteilt werde. Hatte die mögliche Aussage des Saverio Mammoliti jemandem Angst eingejagt?

All diese Fragen werden keine klare Antwort finden, solange die Gerichte nicht alle nur denkbaren Spuren verfolgen und so die notwendigen Elemente zur Zusammensetzung des Puzzles sichern, aus denen die Wahrheit besteht. Welche weiteren Namen werden noch auf die Liste derer kommen, die der Ländereien der Cordopatri wegen umgebracht wurden? Vielleicht auch der meine, wie mir das die Mafia nach meiner Zusammenarbeit mit der Justiz gedroht hat? Oder der anderer Personen, die sich auf meine Seite geschlagen haben? Als der Staatsanwalt am Nachmittag des 28. April 1995 sein Plädoyer begann, beklagte er, daß nur zwei Nebenkläger im Saal anwesend waren: Pasqualino Leuzzi und ich. Siebzig Personen hatten, so die langen Ermittlungen der Staatsanwaltschaft von Reggio Calabria, ständig Erpressungen, Drohungen, mutwillige Beschädigungen erlitten, und darüber mußte das Gericht nun entscheiden: Doch nur zwei hatten den Mut, als Nebenkläger aufzutreten.

Nach dem Staatsanwalt sprach der Rechtsanwalt Carlo Rossa aus Turin, der mich als Nebenklägerin vertrat. Er begann sein Plädoyer so: »Es wäre absurd, wenn man es einerseits für gesichert hält, daß Saro Mammoliti die mafiose Vereinigung aufgebaut und geleitet, jahrelang das Ziel eines regelrechten Imperiums in Castellace und Umgebung verfolgt hat, und daß er es war, der alle Entscheidungen getroffen und festgelegt hat, was zu tun sei – um dann, andererseits, zum Ergebnis zu kommen, daß er keine Verantwortung für den Tod des Barons Cordopatri trägt.« Er bat daher das Gericht, sich den Abschlußbericht der Parlamentarischen Antimafiakomission vom September 1994 anzusehen: Dort stehe nachzulesen, wie der Präfekt Caselli und der Polizeipräsident Gaudio nicht zu wissen vorgaben, daß die Probleme der Cordopatri mafioser Natur seien. Daher sei das anfängliche Mißtrauen seiner Klientin gegenüber den Staatsorganen wohlbegründet gewesen. Welcher Unterstützung, so der Anwalt, muß sich die Mafia in Reggio Calabria erfreuen, wenn Mariarosa Mammoliti am 24. Oktober 1994 – obwohl sie in Haft war und der Prozeß längst im Gange – aufgrund der von ihr illegal aus den Ländereien gezogenen Profite auch noch die Subventionen der AIMA einstreichen konnte, jener Ländereien, um derentwillen der Bruder seiner Klientin umgebracht worden war.

Der von seiner Klientin beklagte mangelnde Einsatz der Institutionen, erklärte der Anwalt weiter, sei voll und ganz auch vom Staatsanwalt Dr. Salvatore Boemi vor der Parlamentarischen Antimafiakommission bestätigt worden. Boemi sei auch einer der wenigen Menschen in Reggio Calabria, der ein genaues Bild zu zeichnen vermocht hatte vom Zustand der Mafiosität, der auf der Stadt lastet und das dortige Leben und die Entwicklung bestimmt. Schließlich wies Anwalt Rossa noch darauf hin, daß die Enthüllungen des Kronzeugen Raso, auch wenn seine Aussagen vom Gerichtshof nicht zugelassen worden sind, doch gegenwärtig seien und aufgrund ihres Inhaltes das Gewissen bei der Entscheidung mitbeeinflussen müssen.

Angelica und ich saßen auch an diesem 29. April wie üblich im Wohnzimmer und besprachen die Ereignisse des Tages. Ich war verbittert: Wie auch immer der Prozeß ausging, ich hatte verloren. Auch noch so lange Strafen, selbst lebenslänglich, würden mir ja meinen Bruder nicht zurückgeben. Ich hatte alles unwiderbringlich verloren, als am 10. Juli 1991 die eben angezündete Zigarette meines Bruders aus seinem Mund fiel und im Blut verlöschte.

Kein juristischer Sieg würde die Leere überdecken können, die mein Bruder hinterlassen hatte, mein Schmerz würde nie zu Ende sein.

Siebenundzwanzig Stunden und fünfundzwanzig Minuten hatte ich vor Gericht ausgesagt und dabei nie Rache gesucht, sondern nur Gerechtigkeit und Wahrheit, und deshalb waren mir auch die Drohungen gleichgültig, mit denen man meine Aussagen hatte beeinflussen wollen. Ich hatte über alles und alle gesagt, was ich wußte, im Glauben, daß dies der Justiz erlauben würde, die Mafia auch dann noch aufzustöbern, wenn sie sich hinter bürgerlichem Wohlstand versteckte.

Mit meinen Entscheidungen hatte ich den Kampf zu Ende führen wollen, für den mein Bruder gestorben war: den Kampf gegen die Mafia. Vielleicht werde ich dafür von der Mafia eines Tages mit dem Tode bestraft wie mein Bruder, doch das ängstigt mich nicht. Pein bereitet mir lediglich der Gedanke, daß alles umsonst gewesen sein könnte. Vielleicht wird ja alles wie von einer Wanderdüne verschluckt und dann vergessen. Vielleicht wird die Mafia ihre Wohlstandskleider erneut umlegen und nistet sich, gestärkt durch einen neuen Sieg, wieder in den diversen Justizpalästen ein, in den Sesseln der Abgeordneten im römischen Palazzo Montecitorio und in den Reihen der Ordnungskräfte.

Ich werde nie gewinnen können, und es würde auch nichts nützen, wenn ich gewänne. Wenn es einmal einen Sieger gibt, kann es nur die Justiz sein.

Bevor wir die Läden schlossen, blickten wir noch zum Himmel hoch. Kein Stern leuchtete. Der Himmel war an diesem Abend pechschwarz. Selbst der Mond schien seinen Aufgang vergessen zu haben.

Kalabrien

Die mutige Blüte der Agave
Schreit
Aus dem Kiesbett der Bäche
Nach ihrem Recht auf Leben.
Die Finger des Felsens von Pentidattila
Sind uralter Zorn Gottes
Über die Torheit
Dessen
Der seine Gesetze der Liebe herauszufordern gewagt.
Dies ist das Land von Kalabrien,
Mein Land.
Blutgetränkt
Von den Stacheln der Feigenkakteen,
Getröstet
Vom Geruch der Orangenblüte,
Eingelullt
Vom Zauber der Sirenen.
Seine Geschichte hat Neptun geschrieben
In die weißen Strände des Ionischen Meeres,
Als der alte Pan
Dem Herzen aus Stein
Des Silagebirges und des Aspromonte
Den Kummer des alten Volks von Kalabrien
Anvertraute.
Warum aber
Stöhnst du nun,
Mein Land?
Sind die starken Arme seiner Söhne
Dir nicht Hilfe und Trost?
Hat der Wind vielleicht
Ihre klugen Reden verweht?
Du, mein Kalabrien
Bist das Land, wo die Geranie
Von selbst zu wachsen beginnt
Und Ihr Recht auf Leben
Hinausschreit

Mit einem Jauchzen von Farben.
Es ist Zeit, mein Land,
Die Tränen zu trocknen,
Den stolzen Blick zu erheben
Über die strengen Linien der Berge hinaus.
Die tiefblauen Himmel der alten Väter
Warten auf
Den sicheren Flug
Der Lerche und des bändergeschmückten Kleides.

Angelica Rago Gallizzi

Das Schwurgericht von Reggio Calabria hat in erster Instanz Francesco Mammoliti als Auftraggeber zum Mord an Baron Antonio Carlo Cordopatri dei Capece zu lebenslänglich Gefängnis verurteilt, Saverio Mammoliti erhielt zweiundzwanzig Jahre. Weitere Mitglieder des Clans bekamen Strafen zwischen sechs und zwölf Jahren.

Auch wenn die Justiz siegreich aus den Prozessen hervorgeht, herrscht die Mafia weiter in den Städten und vor allem auf dem Land von Kalabrien.

Mit meiner Kusine Angelica Rago Gallizzi bestelle ich nun die Olivenhaine von Castellace alleine.

13. November 1995

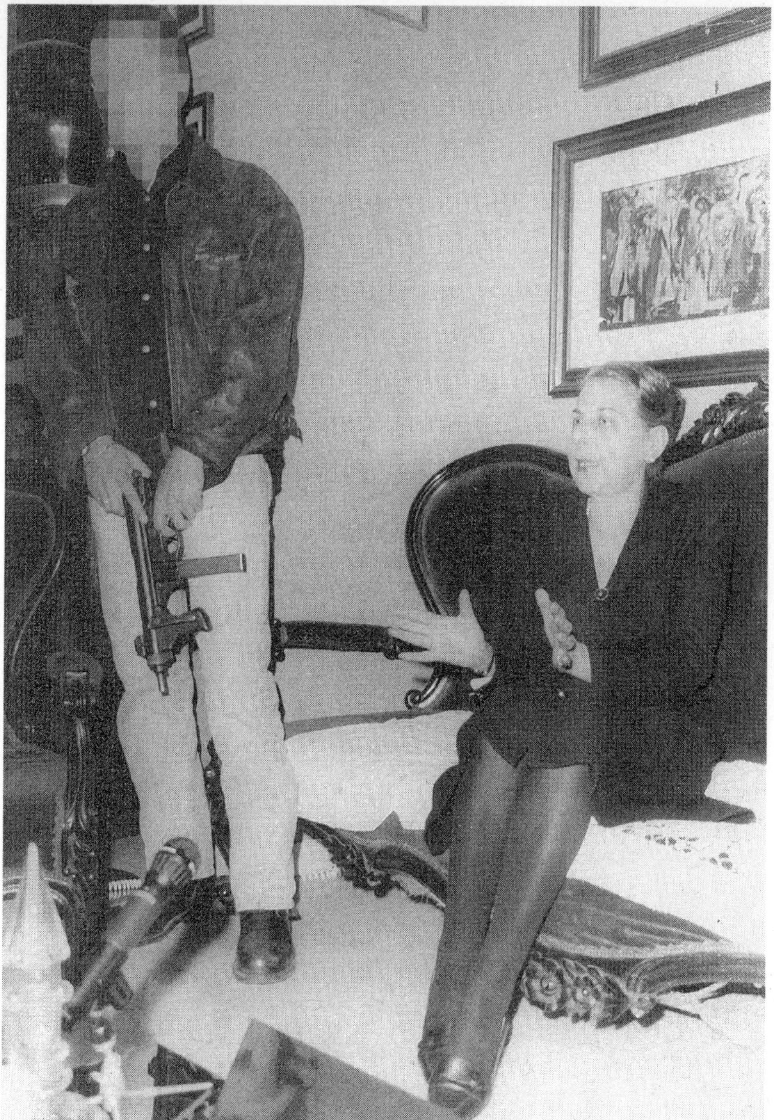

Teresa Cordopatri gibt Interviews unter Polizeischutz

Teresa Cordopatri und ihre Kusine Angelica Rago Gallizzi auf dem Weg zur Arbeit

Die Arbeit im Olivenhain unter ständiger Bewachung

James Cleugh

Die Medici

Macht und Glanz einer europäischen Familie. Aus dem Amerikanischen von Ulrike von Puttkamer. 489 Seiten mit 149 Abbildungen. SP 2321

Die Chronik einer Familie, die wie keine andere die Kultur der Renaissance verkörperte.
Die Medici gehören zu den großen Familien, die die europäische Geschichte und Kultur entscheidend geprägt haben. Sie waren Bankiers, Feldherren, Päpste, Herzöge, Königinnen, Despoten, aber auch geniale Förderer von Kunst und Wissenschaft. Unter ihrer Führung wurde Florenz zum kulturellen Mittelpunkt Europas.
Unter den großen Familien, die den Lauf der europäischen Geschichte prägten, hat wohl kaum ein Name helleren Glanz als jener der Familie Medici. Ob als Bankiers, Feldherren, Päpste, Herzöge, Despoten oder geniale Förderer von Kunst und Wissenschaft – die Medici haben auf vielen Gebieten Weltruhm erlangt. Sie gaben der römischen Kirche zwei Päpste und Frankreich zwei Königinnen. Der Welt schenkten sie als großzügige Mäzene der Kunst unvergleichliche Meisterwerke. Im Mittelpunkt dieser Familienchronik steht deshalb auch die strahlende Gestalt Lorenzos des Prächtigen, des Staatsmannes und Dichters – die ideale Verkörperung des Renaissance-Menschen. Er war Förderer von Leonardo, Botticelli und Michelangelo. Unter seiner Führung wurde Florenz zum intellektuellen Zentrum Europas. James Cleugh erzählt von den Verwicklungen der Renaissance-Politik, den Intrigen, Liebschaften, Kriegen und Morden der Medici, und er befreit die Überlieferung von Legenden und halben Wahrheiten. Das Ergebnis ist eine einzigartige Chronik einer Familie, die dreihundert Jahre in Florenz herrschte und deren Vermächtnis den menschlichen Geist noch jahrhundertelang bewegt hat.

James Ogilvy

Anleitung zu einem Leben ohne Ziel

Wege zur persönlichen Freiheit und Kreativität
224 Seiten. Geb. Aus dem Amerikanischen von Anni Pott.

Was hat es uns gebracht, meisterhaft die Kunst zu beherrschen, unser Leben auf bestimmte Ziele auszurichten? Seien wir ehrlich: viel mehr Verbindlichkeiten, viel mehr Verpflichtungen – und viel weniger Zeit, viel weniger Genuß.
Was wäre, wenn wir unsere Ziele – und unseren Glauben, daß wir ohne sie nichts sind – losließen und uns für Erfahrungen öffneten, die uns wirklich Erfüllung bringen? Wie wir das erreichen können, beschreibt James Ogilvy. Er zeigt, wie tief das Bedürfnis nach Autorität in uns verwurzelt ist. Und diese strenge innere Kontrollinstanz legt für uns die Ziele fest – selbst gegen unsere tiefen Wünsche. Ogilvy beschreibt, wie wir zwischen blindem Gehorsam und ruinöser Ziellosigkeit unseren Weg finden können. Ziellosigkeit ist für ihn eine Möglichkeit, persönliche Kreativität und Freiheit zu erreichen, wenn wir unseren Alltag nicht als Etappe auf dem nie enden wollenden Weg zu einem absoluten Ziel sehen, sondern ihn jeden Tag im Sinne eines persönlichen »Kunstwerkes« gestalten.